T0110236

Josephine Mellen Ayer :
Un Journal

Traduit de l'Anglais par
Bill F. Ndi

Traduction révisée par
Dr. Koua Viviane

Langaa Research & Publishing CIG
Mankon, Bamenda

Publisher:
Langaa RPCIG
Langaa Research & Publishing Common Initiative Group
P.O. Box 902 Mankon
Bamenda
North West Region
Cameroon
Langaagrp@gmail.com
www.langaa-rpcig.net

Distributed in and outside N. America by African Books Collective
orders@africanbookscollective.com
www.africanbookscollective.com

ISBN-10: 9956-553-64-6

ISBN-13: 978-9956-553-64-8

© Bill F Ndi 2023

All rights reserved.
No part of this book may be reproduced or transmitted in any form or by
any means, mechanical or electronic, including photocopying and
recording, or be stored in any information storage or retrieval system,
without written permission from the publisher

Avis du traducteur

Dans l'histoire du monde, il y a toujours eu ses récits de vie, pleine de drame, qui incite à la lecture et relecture ainsi que d'autres que l'on ferait mieux de balayer de revers de mains ou encore les jeter dans la poubelle de l'histoire. Le récit de vie présent que nous nous sommes engagé à traduire, et figurant sous le titre éponyme, *Joséphine Mellen Ayer : Un Journal,* figure dans la première catégorie ; c'est-à-dire un récit incitant à la lecture et relecture ; justifiant ainsi les motivations quia auraient poussé tout traducteur à entreprendre le traduire.

L'objectif du partage de lecture avec le lecteur de langue cible trouve ses justifications dans les délices narratologiques avec des rebondissements sur rebondissements. Ce récit jumèle l'histoire, l'internationalisme, la religion, l'occultisme, l'intertextualité, la philanthropie, de l'art, l'opulence, l'ivraie, la vie des gens ordinaires ainsi que celle de gens extraordinaires. Pourtant, c'est l'histoire incontestable d'une vie menée par, Joséphine Mellen Ayer, l'une des figures emblématiques de ferveur de l'abolitionnisme de l'esclavage qu'entamèrent les premiers Quakers au 17ème siècle sous l'égide de George Fox. Il s'agit là d'une ferveur fondée sur une rigoureuse éthique qu'au fils des siècles ni les bouleversements ni les changements de comportements et de mentalités n'ont pu évincer.

L'intérêt que nous suscite ce récit se lit dans la continuité des idées et des mentalités transfrontalières, c'est-à-dire Américaines et Françaises. L'Américaine, Joséphine Mellen Ayer avait fini ses jours à Paris où elle s'était installée, promouvant les idées et les idéaux de l'égalitarisme, de l'humilité, de simplicité, de sobriété, d'honnêteté, etc. que lui avait légués ses ancêtres Quakers. Ce lien avec la ville de Paris, ville où elle passa ses derniers jours, fait que l'histoire de sa vie soit traduite en français pour que cela ne passe pas dans les oubliettes et faute de quoi un morceau d'histoire de Paris sera perdu. Bien plus nous avons par ailleurs reconnu dans des textes quakers non seulement de valeurs historico-litéraires mais socio-culturelle ainsi que politico-économiques. Ce qui est un attrait d'attention d'où l'intérêt que peut représenter ce texte au traduire comme une importante nécessité à l'élaboration d'une ou des théories de pratique traductologique.

D'ailleurs, dans une traduction antérieure, nous avons faire valoir que,

> *Découvrir la bravoure de ces petits hommes, qui comme David face à Goliath, défiaient la loi avec le pacifisme non-violent et en témoignaient pour que leur sueur n'eût coulé pour rien, explique amplement le but de cette traduction qui vise aussi à contribuer à la compréhension de l'histoire des idées et des mentalités. Et bien plus, notre désir ici comme dans d'autres traductions étant la vulgarisation de cette littérature mésestimée et peu étudiée, nous nous sommes engagés à une version qui reflète l'esprit combattif de ses Quakers du début dont les mots d'ordre, en matière langagière, étaient la fidélité, l'égalité, l'honnêteté, et simplicité linguistique épurée de toutes fioritures esthétiques. Cette traduction en a tenu compte et espère n'avoir point trahi la mémoire de ces premiers vaillants combattants du pacifisme universel et atemporel.* Cf. Avis des Traducteurs **John Banks**

Nous ne pouvons que souhaiter au lecteur, *Bonne lecture.*

Table des matières

vi

Josephine Mellen Ayer : Un Journal

Laisse-moi goûter tout ça et manger comme mes pairs,
Les héros d'antan,
Supportant le poids, des arriérés d'une modique paye
de la vie prospère
De froid, d'obscurité, et de tourment.
Puisque d'un coup le pire transforme les meilleurs en braves,
Or la minute noire vient à la fin,
Et la rage des éléments, les voix délirantes de démon grave,
Devra diminuer, devra se mélanger à la fin,
Changera, deviendra une paix par la douleur d'abord,
Puis une lumière, puis ton buste,
Ô âme de mon âme ! te serrerai-je encore,
Et avec Dieu sera le reste.

Browning

Les Mémoires suivants contiennent un bref récit de la persécution à mort des Quakers coloniaux, ancêtres de Mme Ayer.

Lawrence et Cassandra Southwick

Mme Josephine Mellen Southwick-Ayer est née le 15 décembre 1827 à Medway, Massachusetts, et est décédée le 3 janvier 1898 à Paris, France. Sa vie, pour la plupart, se situait dans des endroits agréables. Toute personne qui croit en la réincarnation dirait qu'elle jouissait des fruits du renoncement à soi-même pratiqué et les tentations conquises ainsi que les bonnes actions faites dans une vie antérieure de son existence. Mais quelle que soit l'amitié de la fortune, à toute vie apporte ses épreuves, ses devoirs, et ses possibilités. Les fardeaux qui avaient été imposés sur Mme Ayer furent endurés avec un courage et une force inouïs que peu de gens, à part elle, savaient que sa vie n'était pas toujours éblouissante; ces obligations lui ayant été imposées, elle s'en acquitta fidèlement; elle améliora ses opportunités, pas seulement pour elle-même, mais pour les autres, afin que l'on pût vraiment dire que beaucoup retrouve ce monde comme un meilleur endroit pour vivre parce qu'elle y avait vécu. En accomplissant les devoirs d'une durée de vie exigé par le psalmiste, elle était une fille dévouée et charmante, une épouse serviable et obligeante, une mère sage et tendre, et en tout temps une Amie fidèle.

Son nom de jeune fille était Southwick. Elle était la fille de Royal Southwick et Direxa Claflin. Son père était un Quaker, et tous ses ancêtres dans la lignée masculine depuis plusieurs générations étaient membres de cette secte paisible mais héroïque :

> Nourri dans la foi que seule la Vérité est forte
> Dans l'endurance qui épuise le Mal ;
> Avec une persistance délicate et déroutante force brutale,
> Et faisant confiance à Dieu contre l'univers.

Royal Southwick était un descendant direct de Lawrence et Cassandra Southwick, martyrs de la cause de la liberté religieuse à l'époque du Massachusetts colonial, qui furent persécutés et anéantis parce qu'ils étaient quakers. Lawrence Southwick est venu du Lancashire, en Angleterre, en Amérique en 1627. Il retourna en Angleterre et amena sa femme Cassandra et ses deux enfants au Massachusetts en 1630, sur le Mayflower, en compagnie de William Bradford, et s'installa à Salem, dans le Massachusetts. James Savage, dans son *Genealogical Dictionary of First Settlers of New England*, écrit : "Dans les jours sombres de désillusion contre les Quakers toute la famille de Lawrence et Cassandra Southwick endurèrent beaucoup d'amendes et d'emprisonnement." Dans les Annales de Felt de Salem, on constate que le 14 octobre 1656, la Cour d'Assises prit en considération l'apparition des Amis dans leur juridiction. Ils les accusaient de prétendre être inspirés, d'écrire des doctrines erronées et de mépriser les ordres de l'Église et de l'État. Ils ordonnèrent que si un Ami venait dans le Massachusetts, il devrait être confiné dans une maison de correction, fouetté sévèrement, être maintenu au travail forcé, et ne pas être permis de parler. Le 14 octobre 1657, la Cour d'Assises décréta que chacun des Amis mâles qui s'y retournait après que cette loi eût été exécutée sur lui, aurait une oreille coupée ; pour le deuxième retour il aurait l'autre oreille coupée ; chacune des femmes qui en faisait de même devait être fouettée ; quel que soit homme ou femme qui revenait une troisième fois, il/elle devrait avoir sa langue trouée avec un fer chaud.

D'après le Massachusetts Colonial Records, en 1656, Cassandra Southwick fut arrêtée et condamnée à une amende pour absence à l'église. Après cela, elle et son mari furent excommuniés de l'Église.

En 1657, Lawrence et Cassandra Southwick furent internés dans une prison de Boston pour avoir reçu deux Quakers chez eux. Lawrence fut libéré, mais Cassandra purgea une peine de sept semaines d'emprisonnement pour avoir en sa possession un journal Quaker. En mai 1658, Lawrence, Cassandra et leur fils Josiah furent arrêtés, fouettés et emprisonnés pendant vingt semaines à Boston pour avoir été absents du culte public et pour avoir accepté la doctrine Quaker. En octobre 1658, ils furent de nouveau emprisonnés, avec d'autres, à Ipswich, pour la même infraction, Cassandra étant de nouveau fouettée. Selon le Massachusetts Colonial Records, les Quakers emprisonnés à Ipswich furent appréhendés le 19 octobre 1658. Tous les six, y compris les trois Southwicks, avaient été « adjurés de quitter cette juridiction à leur dépens avant le premier jour suivant de la Cour de l'élection. » Ils y restèrent; et le 11 mai 1659, une sentence de bannissement fut prononcée à leur encontre: « Il est ordonné que Lawrence Southwick et Cassandra, son épouse, Samuel Shattocke, * Nicholas Phelps, Joshua Buffum et Josiah Southwick, soient condamnés, conformément à l'ordonnance du Tribunal en octobre dernier, au bannissement, de quitter cette juridiction au plus tard le 8 juin prochain, sous peine de mort ; et si l'un d'entre eux se trouve dans cette juridiction après le 8 juin prochain, il sera appréhendé par n'importe quel gardien de la paix ou autre officier et détenu jusqu'à la prochaine assise, lorsqu'ils seront jugés et reconnus coupables d'une violation à cette loi, ils seront mis à mort. Lawrence et Cassandra Southwick se rendirent à Shelter Island, dans le détroit de Long Island, et à Sound où, à trois jours d'intervalle, ils moururent sitôt de privations et d'exposition ; sa femme mourut trois jours après lui.

Le gouverneur Endicott et ses laquais Gough écrivit : « Les actes de ces dirigeants hautains sont fortement caractérisés tout au long avec les traits de culte de personnalité, l'inhumanité, et la malignité amère ; mais je ne connais aucun cas de la malice et de la cruauté plus persévérante que celui avec lequel ils ont persécuté le susmentionné Lawrence et Cassandra Southwick et leur famille. Ainsi dépouillés de leurs biens, privés de leur liberté, chassés dans le bannissement, et en danger de leur vie, pour aucun autre crime que de se réunir à part et en désaccord avec le culte établi, les souffrances de ce couple d'âge inoffensif ont pris fin seulement avec leur vie " (*Histoire de Gough des Quakers*].

Josiah Southwick, fils de Lawrence et de Cassandra, de retour du bannissement, fut de nouveau arrêté et on lui ordonna d'être « dénudé de sa ceinture jusqu'à sa torse, attaché à la queue d'un charriot et châtié de dix coups de fouet dans chacune des villes de Boston, Roxbury et Dedham ».

Daniel et Provided, fils et fille de Lawrence Southwick, furent condamnés à une amende de £10 pour s'être absenté de l'église et pour avoir pris le parti des Quakers. N'étant pas en mesure de payer l'amende, les biens de leurs parents ayant été réduits par des amendes et des saisies, ils furent condamnés à être vendus comme des esclaves obligataires, les trésoriers du comté étant habilités à vendre lesdites personnes à n'importe quel membre de la nation anglaise en Virginie ou à la Barbade, pour régler les amendes. Mais on ne put induire aucun capitaine à les prendre. C'est de ce fils, Daniel, que descendait directement Mme Ayer.

Dans son ouvrage intitulé *Cassandra Southwick*, Whittier décrit le courage sublime de Provided Southwick, né de la foi qui refusa de céder à la persécution et de se rétracter, et comment elle passa en prison la veille du jour fixé pour l'exécution de la sentence diabolique qui lui avait été infligée :

« Toute la nuit, je me suis assise sans me lever, car je savais que le lendemain
Le dirigeant et le prêtre cruel se moqueraient de moi dans mon tourment ;
Me traînant à leur place de marché pour me traiter et me vendre

Comme un agneau avant la pagaille ou comme une génisse de l'enclos ! »

Il raconte les tentations qui l'assaillirent, seule dans sa cellule misérable, pour acheter la liberté en renonçant à ce qu'on lui avait enseigné comme chemin de salut, et comment ces forces réunies dans la contemplation de son avenir:

« Et quel sort t'attend ! un esclave tristement laborieux,
Traînant lentement la chaîne d'asservissement dans le tombeau !
Pense à la nature de ta femme, soumise à un sort désespéré,
La proie facile de tous, la moquerie de tous les dédaignés ! »

Le poète décrit comment après tout, sa foi eut triomphé de la faiblesse de la chair :

- Bénis le Seigneur pour toutes ses miséricordes ! pour la paix et l'amour que j'éprouvais,
Comme la rosée de la sainte colline d'Hermon, sur mon esprit, elles fondaient ;
Quand ' passe dans les oubliettes, Satan ! ' était le langage de mon esprit,
Et je sentis le tentateur diabolique avec tous ses doutes partir.

Le matin, on ouvrit les portes de sa prison, et, avec le shérif à ses côtés et une foule curieuse à ses talons, on la conduisit jusqu'à la plage :
- Puis, se tournant aux vaillants capitaines de mer, le shérif dit :
- Lequel d'entre vous, valeureux matelots, prendra cette esclave quakeresse ?
Dans la belle île de la Barbade, ou sur la côte de la Virginie,
Vous pouvez obtenir un prix meilleur que pour une fille indienne ou une mauresque.'
- Les capitaines se tinrent tristes et silencieux, et quand il s'écria encore,

-   Parlez, mes valeureux matelots! Aucune voix ni signe ne répondit;

Mais je sentis une main dure appuyer sur la mienne, et des mots gentils caressèrent mon oreille,

-   Que Dieu te bénisse et te préserve, ma douce et chère fille ! '

-   Un poids semblait être levé de mon cœur, un ami compatissant était à côté,

Je le sentis dans sa main droite dure, et le vis dans son œil ;
Et quand le shérif eut encore parlé, cette voix si gentille avec moi,
Vociférait à distance sa réponse orageuse comme le rugissement de la mer :

-   Empilez mon navire avec des barres d'argent, avec des pièces d'or espagnol,

De la quille jusqu'à la planche de pont, tout l'espace de sa cale
Par le Dieu vivant qui me créa je préférerais dans ta baie
Couler le navire, l'équipage, et la cargaison, que d'amener cet enfant loin !'

-   Eh bien, digne capitaine, honte à leurs lois cruelles !

Parcourut la foule en murmurant fort et les applaudissements justes du peuple.
'Comme le berger de Thékoa, en Israël d'autrefois,
Reverrons-nous les pauvres et les justes vendus pour l'argent? »

Ainsi la nature humaine, comme elle l'a souvent fait, malgré les doctrines de la dépravation totale et du péché originel, a prouvé sa supériorité à la théologie intolérante et fanatique, et Southwick fut sauvé d'un destin pire que la mort.

En 1884, fut érigé à Shelter Island, un monument à la mémoire de Nathaniel Sylvester, le propriétaire qui donnait refuge aux Quakers. Il y a des inscriptions sur chaque face du monument, qui à l'extrémité se lit comme suit :

« LAWRENCE ET CASSANDRA SOUTHWICK,

Dépouillés, emprisonnés, affamés, fouettés, bannis, s'étaient enfuis ici pour mourir. »

Lors du dévoilement du monument, un poème de Whittier a été lu :

« Au-delà du seuil de son agréable foyer
Mis dans des clairières vertes, l'Ami exilé décéda,
En toute confiance, de la fin, il n'en douta pas.
'Mon cœur chéri!' dit-il, 'le temps est arrivé
De faire confiance au Seigneur pour la protection.'
Avec un long regard
La bonne épouse se tourna vers tout ce qui était familier
La vache meuglant, le verger fleurissant,
La porte ouverte qui laissait voir la flamme du feu de foyer
Et elle répondit calmement : « Oui, il fournira. »
Silencieux et abattus, ils traversèrent le champ,
S'attardant le plus longtemps près de la tombe de leur enfant.
'Avancez, ou restez et vous vous pendez!' le shérif s'écria.
Ils laissèrent derrière eux plus que la maison ou la terre,
Et fixèrent des regards tristes sur une étrange parterre. »
[..................................]
Alors, d'une mer pluvieuse, les Southwicks tout gris,
Virent surgir la terre de loin et de près, et dirent
Merci avec des voix faibles pour cette terre d'affection
Sur laquelle ils reposeraient leurs pieds fatigués ;
ainsi une démarcation
Du lit de mort paisible et d'une tombe tranquille,
Où, muré par l'océan et plus sage que son âge,
Le seigneur de protection méprisait le bigot ainsi que sa rage.

À ces gens qui eurent le courage de leurs convictions et firent le sacrifice qu'ils pouvaient, le monde d'aujourd'hui doit sa libération d'une barbarie inconcevable de fanatisme religieux, qui avait œuvré justement de traîner le monde à ses âges les plus sombres. De tels défenseurs chrétiens comme Endicott, une fois au pouvoir, cherchèrent à imposer leur message de paix et de bonne volonté avec la potence et les fagots en pleine vue. Ils n'avaient pas non plus reculé d'y mettre le feu. Les Quakers furent emprisonnés, battus, dépouillés, traînés dans les rues, bannis, et pendus parce qu'ils eussent nourri leurs propres opinions et adoré leur Créateur à leur manière. Quant à nous qui venons après eux, nous récoltons la moisson de leur résistance virulente, et respirons un air de liberté parce qu'ils avaient joué les rôles d'hommes et de femmes jusqu'au dernier recours. Ainsi nous qui vivons, pensons et agissons pour nous-mêmes parce qu'ils étaient morts, ne cessons pas de chanter leurs louanges et d'ériger leurs monuments, afin que le doux souvenir d'eux ne disparaisse dans les oubliettes.

Pour un compte-rendu plus détaillé de la persécution et des souffrances des Southwicks, voir *Histoire des Quakers* de Sewel ; *Life of George Fox* de Watson; *New England Judge by the Spirit of the Lord* de Bishop; *Genealogical Dictionary of First Settlers of New England*; de Savage *Annals of Salem* de Felt; *Massachusetts Colonial Records*; *History of the Quakers* de Gough; *Truth and Innocence Defended* de Whiting; *American Ancestry* (Joel Munsell Sons, Albany, 1888, vol. iii.) ; *The Quaker Invasion of Massachusetts*, par Hallowell (Houghton, Mifflin & Co., 1887).

Royal Southwick était un digne représentant des ancêtres héroïques. Lui aussi était un Quaker avec le courage de ses convictions religieuses et toutes les autres choses. Sa haine innée de l'oppression et de l'injustice et son amour de la liberté firent de lui un franc abolitionniste à l'époque où le discours de ce genre se tenait au risque d'une tête fracassée. Il avait reçu William Lloyd Garrison chez lui lorsque des politiciens lui lançaient des censures et que des foules le poursuivaient. Il fit de Frederick Douglass le bénéficiaire de son hospitalité lorsque toute association quelconque sur des bases d'égalité avec un nègre était considérée comme une preuve de dépravation de la pire sorte. Et pourtant telle était la haute estime dans laquelle son caractère fut tenu à Lowell qu'il triompha facilement sur les préjugés que ces actes avaient suscités. Il tint plusieurs mandats à la Chambre des représentants, fut élu plus tard au Sénat de l'État, et pendant plusieurs années, il fut président du Whig City Committee.

Un homme est connu de par ses amis. Royal Southwick jouissait de l'amitié de Daniel Webster, Henry Clay, et le poète Quaker, John Greenleaf Whittier. Un de ses fils a été nommé d'après Henry Clay. Royal Southwick ressemblait à Webster dans une manière particulièrement frappante. Sa tête était de la même taille que celle de Webster, et pendant de nombreuses années les deux portaient des chapeaux faits sur le même bloc à Boston. Webster, il est bien connu, avait l'un des plus grands cerveaux que la science ait jamais connus.

Royal Southwick mourut en 1875, alors âgé de quatre-vingts ans, emportant dans sa tombe le respect bien mérité de tous ceux qui l'avaient connu.

Cette ascendance Quaker est intéressante parce qu'elle a fourni ces principaux traits qui caractérisaient la remarquable douceur et fermeté de caractère de Mme. Ayer. Elle n'était pas une Quaker elle-même ; sa religion était trop étendue pour les limitations sectaires ; mais elle n'en était pas moins profonde et sincère, trouvant son expression principale dans des actes de bonté et de charité et de conseils utiles qui rendaient sa présence aussi bien que le soleil dans beaucoup de ménages en dehors de la sienne.

De sa mère, Direxa Claflin, elle hérita de ce bon sens si rare, et l'aisance du jugement qui fit d'elle d'une grande aide à son mari dans la conduite de ses grandes affaires. Direxa Claflin était la sœur de Horace B. Claflin, ce Bayard du monde commercial, qui mena avec succès le plus grand commerce de marchandises sèches alors en existence, tout en maintenant le plus haut niveau d'intégrité et d'honneur. C'est de lui qu'Henry Ward Beecher disait:

> Il est devenu tendre et doux là où les hommes sont enclins à devenir méfiants et cyniques. Il avait le pouvoir de discerner les hommes. Il voyait la différence entre la prudence et l'honnêteté, et pourtant il ne s'aigrissait jamais, mais toujours, jusqu'à la fin, il avait la charité pour les infirmités des hommes.

La société qu'il avait fondée, est actuellement connue sous le nom de H. B. Claflin Company, demeure toujours un monument de son entreprenariat et de sa sagacité, et de nombreux hommes aux cheveux gris se rappellent, avec gratitude, du coup de main secourable que leur avait donné Horace B. Claflin, alors qu'ils étaient encore jeunes.

En 1829, alors que Mme Ayer était encore enfant, son père et sa mère avaient déménagé à Lowell, dans le Massachusetts, où ils avaient vécu pendant de nombreuses années. Une grande partie de l'enfance de Mme Ayer fut passée avec la mère d'Horace B. Claflin — « grand-mère Claflin », comme on l'appelait dans la famille Ayer. Elle était l'une des plus excellentes femmes, avec les notions anciennes des limites de la sphère de la femme et de l'importance du travail domestique comme un élément essentiel de sa formation précoce. Mme Ayer avait sans aucun doute beaucoup profité de sa première association avec cette gentille femme qui, dans sa propre vie, avait montré un parfait exemple de dévouement au devoir comme elle le voyait. Mais il faut reconnaître que Mme Ayer n'avait jamais acquis la haute estime de grand-mère Claflin pour l'industrie domestique en tant que facteur dans la formation et l'éducation des femmes. Elle n'avait jamais cru que faire beaucoup de vaisselles constituait un grand idéal essentiel au développement du caractère féminin.

En parlant de son enfance, dans son propre cercle familial, elle racontait parfois comment, quand elle n'était qu'une enfant, elle était une fois prête à nettoyer des argenteries comme l'avait ordonnée la « grand-mère Claflin », et dans un élan de pétulance de jeune fille elle déclara :

- Ah! Que je déteste le nettoyage de l'argenterie! Sur quoi, « grand-mère Claflin », peinée et choquée, remarqua gravement :
- Les petites filles qui détestent nettoyer des argenteries devraient être obligées à les nettoyer jusqu'à ce qu'elles aiment à le faire."

La petite fille retourna cette observation dans son esprit pendant un certain temps encore en sillonnant le chamois, et puis, percevant qu'il tenait une lueur d'espoir pour échapper à la tâche qu'elle détestait si intensément, elle s'exclama avec jubilation apparente :
- Grand-mère, j'adore nettoyer l'argenterie !
Mais « grand-mère Claflin, » bien qu'une croyante ferme dans les conversions instantanées en matière de foi, était sceptique au sujet de ces changements soudains dans les affaires ordinaires de la vie, et l'annonce de la petite fille que sa haine du nettoyage de l'argenterie avait été transformée en amour car il ne lui avait pas apporté la récompense qu'elle attendait, l'ordre de ne plus nettoyer des argenteries.

Mme Ayer avait ce genre de fierté qui pousse à cacher ses propres blessures. Elle était toujours prête à offrir de la sympathie mais, ne la cherchait jamais. Sa propre norme était celle du stoïque. Elle méprisait de céder à la douleur physique. Dans sa jeunesse, elle souffrait beaucoup de maux de tête du type les plus sévères. A l'époque, elle allait souvent à un bal

13

avec un mal de tête déchirant, mais personne ne s'en doutait, parce qu'en présence des joyeux elle était toujours parmi les plus joyeux. Seule sa femme de chambre le découvrirait quand, à son retour, elle se jetterait sur son canapé complètement épuisée, non par un effort physique ou une faiblesse, mais par l'effort de maîtriser le démon qui lui arrachait le cerveau. Cette négligence de soi, car ce fut ainsi, plus ou moins persista durant toute sa vie, et lui causa beaucoup de souffrance et de maladie inutile, et avait sans doute contribué matériellement à écourter ses jours. Quelques mois seulement avant sa mort, elle avait reconnu que cela fut la grande erreur de sa vie. Cependant, elle ne s'était pas sciemment négligée. Elle était douée d'un sens trop sain pour aller à l'encontre de ses connaissances. Mais elle surestimait continuellement et involontairement sa force. Elle avait vécu pour réaliser et admettre que la nature ne tolérait aucune légèreté, pas même la plus petite inattention, et ne pardonnait jamais ou n'oubliait jamais une blessure ; et que ceux qui voudraient fléchir les bras de fer avec le destin devraient d'abord apprendre à faire leur courbette et leur génuflexion à l'autocrate de fer qu'est la santé.

Pourtant, la sienne était une nature essentiellement joyeuse. Il se proclamait dans son rire fréquent, abondant, spontané, joyeux, et mélodieux. C'est son rire de victoire et de légèreté qui avait provoqué l'événement le plus important de sa vie. Lors d'un petit rassemblement social, dans une partie de whist, le destin ordonna qu'elle devrait être le partenaire de James Cook Ayer, et qu'à une étape critique du jeu, qu'elle devrait l'emporter sur son tour. Il prenait très au sérieux le jeu du whist à l'époque et lui réprimanda sa légèreté. Et elle répondit avec un rire, un rire si franc, si libre, et si musical qui révéla une telle source intérieure de bonheur que M. Ayer du coup, comme il le reconnut par la suite, tomba amoureux d'elle, et résolut de la prendre pour sa femme. Il avait réussi, car le principe directeur de sa vie, comme il l'exprima si bien lui-même, était :

« Entreprenez ce que vous pouvez accomplir, et accomplissez ce que vous entreprenez. »

Quand on se souvient du type d'homme dont était M. Ayer, il ne faut pas s'étonner que ce fut ce rire enchanté de la jeune fille qui lui tomba sur les oreilles comme la pluie sur une terre desséchée, et fit prendre racine instantanément en lui telle une fleur de la passion divine. Les débuts de sa vie furent marqués d'une lutte du genre le plus sombre et le plus sévère. Il y avait eu très peu d'amusement. À l'âge de onze ans, il se mit à travailler pour quatre cents de l'heure dans une usine de laine ; et pour augmenter ses revenus, il travaillait souvent vingt heures sur vingt-quatre, car à cette époque il n'y avait pas de loi bénigne sur le travail des enfants. Il y a des hommes, comme nous le dit Galton dans son travail sur le génie héréditaire, qui s'en sortiront malgré tous les obstacles qui peuvent être mis sur leur chemin. James Cook Ayer était de ce type irrépressible. Ce qui aurait écrasé les garçons d'une intelligence et d'une ambition plus que moyenne n'avait fait que stimuler son esprit indomptable et ses énergies illimitées. Il refusa catégoriquement de céder aux conjonctures. Il profitait de chaque occasion qui se présentait à lui. Et ainsi, il obtint une éducation et devint un érudit classique des premières distinctions. Il avait appris à lire et à écrire le portugais à l'âge de cinquante ans. Lorsqu'il avait vingt et un ans, il inventa une machine à vapeur rotative. De nombreuses autres inventions plus tard mirent à l'évidence sa polyvalence mécanique. Il avait étudié la médecine. Il était devenu un expert en chimie. Il se familiarisait avec toutes les dernières découvertes scientifiques. Il organisa et géra une vaste entreprise. Il s'était occupé de la politique. Il maîtrisait les subtilités de la finance. Il construisit des chemins de fer, des canaux, et des filatures de coton. Il avait fondé la ville d'Ayer. Mais jusqu'au moment où il rencontra la charmante jeune femme qui allait devenir sa femme, il avait vécu comme un soldat, luttant pour tout ce qu'il gagnait. Cela avait été une longue bataille avec seulement çà et là la plus brève sorte de trêve. Ainsi, quand il entendit ce rire, il lui révéla une nature qui avait prospéré, et en jouit-il pleinement de ce qu'il avait si vivement manqué dans sa propre vie. Il avait reconnu le véritable complément de lui-même.

Ils se sont mariés le 14 novembre 1850. Il avait alors trente-deux ans et avait déjà posé, fortement et substantiellement, les fondements de sa fortune. En un mois, elle devait avoir ses vingt-trois ans. Le mariage était en tout pour tout heureux. Chez Mme Ayer, il avait trouvé, comme il l'écrivit lui-même presqu'un quart de siècle après leur mariage, « ce grand et meilleur don de Dieu à un homme, une bonne épouse ». Mais elle ne se prouva seulement dans la sphère de sa maison elle-même d'être vraiment un appui. Dans ses entreprises, il trouvait son jugement inestimable. C'est son propre témoignage qu'après leur mariage il n'avait jamais fait un investissement, ni ne s'était engagé dans une nouvelle entreprise, ni n'avait pris une décision dans toute matière critique qui affecterait son entreprise, sans la consulter d'abord ; et ne s'engageait-il à aucun recours sans son approbation. Sa confiance en son jugement était si grande qu'il fit d'elle l'une des exécuteurs testamentaires et fiduciaires de son testament. Ce genre de témoignage des activités, provenant d'un homme de la gamme ordinaire, ne signifierait pas grand-chose ; mais quand on se rappelle de l'étendue des ramifications commerciales de M. Ayer et le succès qu'il avait atteint, cela devient très significatif.

A cette connaissance intuitive de la nature humaine que Mme Ayer, en compagnie de beaucoup d'autres bonnes femmes, possédait à un degré remarquable, elle ajouta les résultats de minuscules pouvoirs d'observation, et acquit ainsi la capacité de "lire les gens" dont son mari se servait souvent. Il avait l'habitude de dire qu'il ne savait pas qu'elle se trompait dans son estimation des personnes qu'elle avait rencontrées. Elle prenait un grand plaisir à étudier le caractère, et certaines de ses déductions, à partir d'actions apparemment triviales et en conséquence, auraient ravi un Sherlock Holmes.

Une fois, en descendant la Cinquième Avenue avec l'un de ses fils, quand un bourrage dans la rue l'obligea à avancer très lentement, elle attira son attention sur une femme qui marchait sur le trottoir un peu en devant la voiture, et allait dans la même direction, avec l'observation : o

- Voilà une femme, à qui on ne saurait faire « confiance. »
- Pourquoi, comment le savez-vous ? demanda son fils.
- L'avez-vous déjà rencontrée ? ajouta-t-il
- Non, répondit Mme Ayer, je ne l'ai jamais rencontrée auparavant, mais les femmes qui marchent comme elles ne sont jamais dignes de confiance.

Puis, elle attira l'attention de son fils sur une particularité de la démarche de la femme qui avait complètement échappé à son observation, et lui exposa une dissertation très divertissante sur le caractère comme pouvant être informé par la démarche de la marche, avec des illustrations tirées de la vie, qui montra qu'elle avait consacré beaucoup de pensée et d'étude originale à ce sujet.

Après son mariage, M. Ayer avait pris une maison à Gorham Street, Lowell. Là, étaient nés leurs deux fils, Frederick Fanning et Henry Southwick, qui leur survécurent. Peu après, M. Ayer acheta la maison historique « Stone House » ou « Stone Tavern », comme on l'appelait parfois, sur la rive droite de la rivière Merrimac et tous près des chutes Pawtucket. Elle fut construite sur le site du wigwam du célèbre chef indien Wanalancet, qui n'avait pas attendu sa mort pour devenir un "bon Indien", mais avait embrassé le christianisme et s'était avéré un ami de l'homme blanc. Ici, M. et Mme Ayer avaient vécu pendant vingt-sept ans et avaient fait preuve d'une hospitalité généreuse qui, ajoutée à l'esprit vif et à la conversation intellectuelle, avait transformé de leur maison en l'un des centres sociaux de Lowell. Il n'y avait pas seulement quelques célébrités qui avaient trouvé le divertissement ainsi que le rafraîchissement ici ; l'un de plus célèbre était Daniel Webster.

Mme Ayer était une hôtesse gracieuse et courtoise pleine de tact, ce qui ajouta beaucoup à la popularité de son mari. Elle était une adepte de l'art de « faire parler les gens » et de leur plaire en les rendant bien contents d'eux-mêmes. Mais elle n'a jamais laissé aucune fonction sociale interférer avec l'accomplissement de ces devoirs supérieurs qui lui tenaient en premier, ni détourner un moment de son temps et de sa dévotion de sa première pensée, qui était ses enfants. Elle leur donnait toute la vigilance de son réveil et de ses heures de sommeil. Au début de sa vie, elle fut obligée d'adopter la sieste habituelle de l'après-midi comme un répit temporaire des travaux de la journée. Ne voulant pas faire confiance à ses enfants avec une domestique pendant qu'elle dormait, elle les enfermait invariablement tous dans la chambre avec elle et les voyait dormir en toute sécurité, avant de s'aventurer dans l'étrange région de l'oubli. Avec tous les moyens dont disposait M. Ayer, elle avait pu cultiver ces goûts qui, à côté de sa famille, étaient sa principale source de plaisir. Elle avait orné sa maison avec de belles photos et des œuvres d'art de choix, et a montré un goût rare et merveilleux dans leur sélection et arrangement. Elle avait un sens instinctif et aigu de l'harmonie dans la couleur, qui est beaucoup plus rare que le sens de l'harmonie dans la musique, et qui lui avait permis de donner à sa maison cette atmosphère artistique que la richesse sans culture ne peut jamais simuler.

Cependant, elle aimait passionnément la musique et aimait partager son appréciation avec ses amis. Elle donna de nombreuses musicales et chercha pour elles le meilleur talent possible. Mais la musique de toute sorte lui donnait du plaisir, et elle était trop franche et indépendante pour chercher à dissimuler le fait dans le but d'assumer la supériorité du goût. Elle aimait le meilleur, mais cela ne la rendait pas indifférente au deuxième, au troisième ou au quatrième meilleur.

Elle était très sensible au « tendre charme de la poésie ». Les poètes étaient ses compagnons préférés de loisirs. Elle avait une mémoire inhabituellement tenace, et les trésors qui étaient ainsi rassemblés dans sa boutique mentale, elle aimait en apporter pour le plaisir de ses amis. Elle ne faisait aucune prétention à l'art de l'élocution, mais elle lisait et récitait bien, parce qu'elle avait le sentiment et la sympathie qui lui permettaient de comprendre et d'interpréter avec grâce naturelle les meilleures paroles des maîtres chanteurs de la langue anglaise.

Elle avait une forte aversion pour toute sorte d'artificialité, en particulier cette forme de celui communément dit « prendre de grands airs. » Il lui était impossible d'être autre chose que son moi naturel en tout temps et en tout lieu, mais la profondeur de sa perspicacité et l'étendue de son caractère lui conféraient de grandes capacités d'adaptation, et ainsi elle pouvait se rendre « à l'aise » avec des personnes de goûts et de réalisations très différents.

Des jours bénis pour elle furent ceux passés dans la "vieille Stone House. » Là était né sa fille unique, qui lui survécut, Mme Lesley Josephine Pearson, veuve du défunt commandant Frederick Pearson, de la marine américaine. Ce fut là qu'elle rencontra et s'acquitta fidèlement des soins et des responsabilités supplémentaires qui lui étaient imposés alors qu'elle passait de la jeunesse féminine à la vie de femme, sans aucune perte de la bonté de cœur et de la douceur gracieuse de manière qui l'avait caractérisée quand elle entrait dans la vieille maison comme une épouse. Là, elle tendit la main et le sac ouverts à ceux qui la cherchaient dans la douleur, la pauvreté et l'affliction. Elle eut sur elle la première grande ombre de sa vie -- la perte d'un frère favori, Edward F. Southwick, qui mourut en août 1855, avant qu'il n'atteignît l'âge de dix-huit ans. Cette perte pour elle était très vive ; et, en dehors de l'occasion naturelle du chagrin, elle avait toutes les raisons de la prendre très à cœur. Permettez-moi de m'arrêter un instant pour laisser tomber une fleur sur sa tombe. C'était un garçon d'une promesse peu commune. Il semblait avoir uni en lui toutes les grandes qualités de ses ancêtres Southwick. Son caractère était inhabituel, se distinguant par une certaine supériorité marquée au-delà de l'imprudence couplée avec une noblesse exaltée de pensée et d'aspiration, qui le plaça du coup dans la brillante galaxie des âmes nobles. Toute sa nature était nettement spirituelle. Il ne semblait pas se mêler au monde au point de planer au-dessus de lui. « Son âme était comme une étoile, et demeurait à part. » Il semblait se suffire à lui-même. Mûr avec une sagesse au-delà de ses années, il fut accueilli comme oraculaire en présence de ses aînés. Il était calme avec ce « grand sérieux » de Matthew Arnold, qui semblait étrange et impressionnant chez un si jeune. Il y avait un charme indicible en lui qui semblait être la fleur d'une grande virilité avec des idéaux élevés, unis à une merveilleuse douceur d'esprit et de manière. Les moindres dons de talents intellectuels qui ornent, mais ne font jamais un homme la nature s'était répandue sur lui. Personne qui l'ai jamais vu ne pouvait jamais l'oublier. Étrange que quelqu'un si rare et si vivement désiré, dût être précipité du monde presque avant qu'il n'eût le temps de parler. Ces esprits semblent tremper leurs ailes pour un instant seulement dans une vague des eaux froides et rugueuses, et puis se lever à nouveau vers les dômes semés de l'étoile d'où ils avaient bondi. Qui sait si ce n'est que Plaute qui nous donna la vraie explication :

-    Qui les dieux aiment meurt jeune ?

Vingt-trois ans plus tard, elle eut sur elle la deuxième grande ombre de sa vie, la perte de son mari, décédé le 3 juillet 1878.

Ils étaient faits l'un pour l'autre, et étaient dévoués l'un à l'autre ; et tandis qu'ils escaladaient la colline ensemble, le ciel s'éparpillait plus que la part allouée de roses sur leur chemin. Mais la nuit arriva ; et c'était sa nuit ; et nul ne put connaître l'obscurité profonde de celle-ci quand son étoile s'était couchée.

Mais, malgré ces grandes peines, la vie avait toujours tenu ses devoirs pour elle, et ses enfants réclamèrent ses soins et ses orientations. Elle croyait en la " vie soutenue " ; en rassemblant " les fragments qui restent, que rien ne soit perdu." Pas un instant ne fut mis de côté. Pour être utile, c'était sa devise d'être de la plus grande utilité dans sa puissance, et à sa manière. Elle adorait le beau. Peu importe la forme qu'elle prenait, ou l'endroit où elle apparaissait, on pouvait la trouver, une pèlerine infatigable, agenouillée à son sanctuaire. C'était sa passion : la découvrir, la créer, l'acheter, l'exposer, la voir capturer les autres dans son filet ; la voir surgir sous de nouvelles formes pour faire de nouveaux convertis apportant le plus grand nombre sous son plus grand charme qui fut son délice. Elle était une artiste née. Avec la bonne formation au début de la vie, elle serait devenue une artiste de première distinction. Elle avait la faculté créative de faire apparaitre le beau à partir de ses propres idéaux, et de l'estampiller sur les autres. Je ne connais aucun espace dans le firmament du beau qu'elle n'ait pas cultivé. Pour elle, tout semblait avoir son beau côté, même si pour Victor Hugo les eaux gluantes des égouts reflétaient les étoiles.

Faire ce qui est juste était sa religion. « Faites ce qui est juste, et vous accomplirez ce que vous voulez » ; sont-ce là ses paroles, souvent répétées. Et comme elle les suivait fidèlement ! Avec elle, la conscience devait approuver au plus haut degré. Il n'y avait point à éviter ce qui lui semblait être un devoir. Comme ses ancêtres Quakers, elle n'était enchaînée par aucune doctrine ou croyance. Faire le bien, c'était assez, faire le bien en toutes circonstances et sans peur. Son intrépidité et son courage étaient les plus marqués. Et, avec tout cela, elle était la plus douce. À tous les égards, et dans le plus grand degré, elle était une gentlewoman. Elle avait la douceur d'un pigeon, avec le but fixe et la détermination d'un aigle. Elle faisait face à ce qu'elle croyait juste sans une lueur d'hésitation ; car dans son maquillage, elle ne connaissait pas la peur.

Peu après la mort de son mari, elle partit pour New York et s'installa dans une maison, au numéro 5 de West 57e Street. Ici, en temps voulu, sa vie reprit son cours habituel. L'ancienne "Maison de pierre" avec ses souvenirs sacrés, elle a transformé en une maison pour les jeunes femmes et les enfants, et par son testament légué $100,000 pour sa dotation et de soutien. Dans sa nouvelle maison, elle stockait de nouveau des trésors d'art choisis avec son goût consommé habituel, et elle divertissait ses amis de la même manière délicieuse qui avait caractérisé son hospitalité à Lowell.

Après avoir pris sa résidence à New York, elle avait l'habitude d'aller en Europe chaque printemps et de revenir à l'automne. Elle se rendit en Europe, comme d'habitude, en 1889, mais fut destinée à ne jamais revenir. Un accident changea la teneur de sa vie. Un incident l'a précédé, ce qui vaut la peine de mentionner en raison de l'intérêt qu'il peut susciter aux étudiants des sciences occultes.

Elle séjournait à l'hôtel Continental à Paris avec son amie, Lady Clark. C'était vers la fin d'octobre, et il avait fait tous les préparatifs pour son voyage de retour en Amérique, et avait engagé le passage sur l'un des paquebots de ligne française qui devait naviguer dans quelques jours. Lady Clark lui a dit qu'il y avait une voyante à l'hôtel, et lui a suggéré de l'appeler et de voir ce qu'on pouvait en tirer. La prenant comme une diversion, Mme Ayer acquiesça. La voyante fut convoquée, et, après quelques interrogations sur les pouvoirs particuliers qu'elle revendiquait, annonça sa volonté de les soumettre à un test.

Elle semblait entrer dans une espèce de transe, puis Mme Ayer lui demanda quel genre de voyage elle allait faire sur le paquebot dans lequel elle s'attendait à retourner en Amérique. Après une pause d'environ une minute, la voyante répondit :

-   J'ai fait le tour du paquebot, mais je ne vous vois pas à bord d'elle. —Vous devez-vous tromper à ce sujet, dit Mme Ayer en riant, car j'ai déjà pris le chemin sur elle, et je suis tout prêt à monter à bord.
-   Vous ne naviguerez pas sur elle, déclara la prophétesse qui professait sa capacité de voir l'avenir avec les yeux fermés.

Mme Ayer rit encore avec scepticisme, mais elle ne posa pas d'autres questions sur ce point. Après avoir fouillé plus loin dans d'autres directions sans obtenir quoi que ce soit de défini, la voyante offrit l'information :

-   Vous allez rencontrer un grave accident, dit-il.

Cette sinistre prédiction, qui aurait pu causer un certain malaise à une femme aux nerfs moins forts, n'eut aucun effet sur Mme Ayer, et la femme fut congédiée après avoir reçu ses honoraires.

Le lendemain, elle est allée faire un tour avec Lady Clark. Après que la voiture eut parcouru une certaine distance, Mme Ayer, qui avait été conseillée par son médecin de faire de l'exercice actif, la quitta pour une courte promenade, son amie restant dans la voiture en attendant son retour. Elle n'avait fait qu'un petit détour et était sur le point de traverser une rue, quand un taxi s'est précipité au coin de la rue et l'a renversée. Le conducteur, comme d'habitude dans de tels cas, sans s'arrêter pour voir quelle blessure il avait faite, fouetta ses chevaux et disparut. Les roues avaient passé sur les deux bras, brisant le coude droit et le poignet gauche. Bien sûr, la douleur qu'elle souffrait était intense. Mais, après que quelques spectateurs l'eurent aidée à se relever, elle marcha sans aide vers la voiture dans laquelle elle avait laissé son ami, et, s'y asseyant, elle ordonna au conducteur de retourner à l'hôtel. Plus soucieuse d'épargner l'alarme de son compagnon que des conséquences de ce qui lui était arrivé, elle n'a rien dit au sujet de l'accident au retour à l'hôtel ; et avec une telle force stoïque qu'elle contrôlait ses souffrances que son amie ne se souciait pas de ce qui lui était arrivé. Ce n'est qu'après être arrivée chez elle, à l'hôtel, qu'elle se détendit dans l'étau dans lequel elle avait tenu ses sentiments sous l'emprise ; et, se jetant sur un canapé, elle ordonna à sa femme de chambre de convoquer immédiatement un médecin.

Le médecin perçut immédiatement la gravité de ses blessures. Il lui dit qu'il devrait mettre les os cassés dans des plâtres, et, naturellement, proposa qu'elle prenne un anesthésique pour se rendre insensible à la douleur de l'opération. Mais cette femme forte de plus de soixante ans, avec le sang des ancêtres Quakers dans les veines et le souvenir de leur soumission valeureuse à la souffrance et à la persécution pour la conscience, n'aurait rien de tout cela. Elle pouvait endurer la douleur aussi bien qu'eux. Elle voulait simplement que l'opération se fasse le plus rapidement possible.

Après la mise en place des os, le médecin lui dit qu'il ne pouvait pas s'échapper du lit pour elle pendant six semaines, car s'habiller avec les deux bras en plâtre serait impossible, naturellement. Mais elle lui réserva une autre surprise. Elle annonce son intention de donner une comédie musicale à ses amis dans deux semaines. Elle ne proposa pas d'être exclue du monde pendant six semaines par des questions aussi triviales que les os cassés. Le lendemain, elle convoqua une couturière et commanda une robe faite avec les manches coupées du poignet à l'épaule, de sorte qu'ils puissent être enveloppés par-dessus les bras et lacés sans déranger les bras dans leurs plâtres. La robe était faite, les invitations à une musicale étaient émises, et le programme était exécuté dans ses appartements à la date spécifiée, deux semaines seulement après qu'elle eût été écrasée par le taxi, à la satisfaction mêlée et l'étonnement de ses amis.

Mais l'accident lui a fait abandonner l'idée de retourner en Amérique cet hiver-là. A nouveau, quand elle put, elle loua une maison à Paris, au numéro 19 dans la rue de Constantine. Mais son séjour à Paris s'avéra si agréable, tant d'amis sympathiques qu'elle s'y était fait, tant de nouveaux intérêts dans la vie s'affichaient à elle, qu'elle y était restée année après année — pour ne jamais revenir. Il ne s'agissait pas de sacrifier de vieilles relations. Ses enfants venaient souvent d'Amérique pour lui rendre visite, et ses amis dans ce pays appréciaient son hospitalité chaque fois qu'ils traversaient l'océan. Et ainsi, avec un esprit toujours alerte à recevoir de nouvelles impressions, les « pas des années » se posèrent si doucement sur elle comme à peine pour laisser une empreinte qui était perceptible.

La maison de la rue Constantine, ornée de rares collections d'œuvres d'art, était devenue le repaire de beaux gens de Paris ; non seulement les gens de la société, bien que ceux de la société prenaient leur tour, mais les artistes, les créateurs du beau, étaient ses favoris. Elle ne perdit jamais l'occasion d'aider un artiste en difficulté à s'en sortir. Elle fonda une station balnéaire à Paris pour l'abri et l'aide des pauvres artistes américains qui y sont venus pour terminer leurs études. Sa maison était devenue un salon où ses amis pouvaient partager ce qui était le meilleur et le plus noble dans les inspirations des premiers maîtres d'art. Ses divertissements littéraires et musicaux, marqués par le même goût exquis qui présidait à tout ce qu'elle faisait, étaient avidement recherchés et largement fréquentés par les amoureux des Muses, et devinrent rapidement un trait distinctif de la capitale française, où elle rassemblait autour d'elle une foule d'amis, qui furent laissés à pleurer la perte de leur hôtesse douce.

Son goût était irréprochable. Mais c'était plus que cela. C'était plus que la capacité d'apprécier et de comprendre. C'était l'expression constante d'un attribut plus profond — le pouvoir de créer et de développer des idéaux de beauté, ce qu'elle faisait continuellement dans un domaine ou un autre, et qui mit en exergue le génie indéniable en elle. Son génie était d'un ordre inhabituel, la faculté de créer de nouvelles formes de beauté entièrement les siennes, et elle n'imitait jamais et rarement adoptait les idéaux des autres. Le génie d'évoluer et le goût d'adapter étaient les deux siens. Elle se réjouissait de voir son goût soutenu et apprécié par d'autres ; car, comme Sir Joshua Reynolds l'eut dit,

- Le goût dépend de ces émotions plus fines qui font l'organisation de l'âme.

C'était dans le but de mettre l'accent sur ces émotions, afin de devenir le mieux compris, qu'elle rassemblait autour d'elle autant d'amis reconnaissants qui la rencontreraient sur le terrain commun du goût pour comprendre et la volonté de promouvoir la floraison de chaque arbuste qui pourrait être planté dans le domaine de l'art. Pour la société en tant que telle, elle s'en souciait peu ou pas du tout. Pour la croissance et la prospérité de sa cause préférée, à savoir, l'incorporation du beau et de l'art dans la vie quotidienne, elle se souciait de tout. Une femme ne pouvait guère faire plus pour démontrer et populariser la beauté artistique que la lumière des étoiles et la lune battant leur chemin à travers le brouillard et le sourire des espaces mornes. Ses divertissements sociaux portaient le même sceau de raffinement doux. Aucune habileté ne manquait à mettre ses invités sur une emprise de jouissance complète, qui était son bonheur ; de sorte qu'à Londres, Paris, et Rome, où elle était bien connue et appréciée, elle était chaleureusement accueillie comme l'hôtesse préférée et inégalée de l'heure.

À travers tout cela, faufilait tout le fil de sa nature artistique - sa foi débordante dans la suprématie de la beauté partout où elle pouvait la voir ou l'entendre ; mais, surtout, où elle pouvait la faire exister par le toucher de sa baguette magique. Elle avait la « foi intense de Dante dans l'union ultime du beau parfait et de la sainteté parfaite. » Elle croyait au « malheur de l'ignoble » et au triomphe ultime sur toutes les choses du « pouvoir qui garantit la justesse. » Prenez-la pour tout ce qu'elle avait accompli et pour tout ce qu'elle fut, — sa fidélité aux grands idéaux, sa force de caractère, sa force de volonté et son courage intrépide, sa générosité, et son extrême douceur — et vous saurez qu'elle fut destinée à rester longtemps dans le souvenir comme ayant été l'une des femmes les plus remarquables de son temps.

Sa vie fut singulièrement chanceuse ; et pourtant, on pourrait vraiment le dire, rien en elle ne touchait tant ses amis à l'envier comme sa manière de l'avoir quittée. Elle s'est littéralement endormie dans ce monde et s'est réveillée dans le suivant. Pas de maladie débilitante, pas de douleur, pas de déchéance mentale, pas des adieux déchirants avant l'appel de l'Ange de la Mort.

Elle avait l'habitude de lire au lit tous les soirs après sa retraite du jour. Le dimanche soir, le 2 janvier 1898, elle se retira plus tôt que d'habitude. Elle avait lu jusqu'à environ onze heures, quand elle demanda une tasse de thé. Un peu après douze heures, elle appela sa femme de chambre pour enlever la lampe, et elle se prépara pour la nuit. Le lendemain matin la trouva encore endormie, longtemps après son heure habituelle de réveil, et dans la même position que sa servante l'avait quittée la veille. Elle n'avait pas bougé, elle n'avait pas ouvert les yeux, elle n'avait pas ouvert les lèvres. Aucun indice de souffrance, aucun indice de conscience n'était intervenu ; laissant une expression de repos et de paix totale qui rendait son visage doux à regarder. Et elle s'était glissée dans un monde meilleur, vraiment

> Comme celui qui enroule les draps de son canapé
> A propos de lui, et s'endort dans de beaux rêves.

On s'y ajoute seulement quelques-unes des nombreuses expressions aimables de la presse pour montrer l'estime générale dont Mme Ayer faisait l'objet ; tandis que la grande profondeur de son amour et la tendresse infatigable de son dévouement ne pouvaient être connues que de sa famille immédiate et de ses amis les plus proches.

Une correspondante, écrivant au New York Tribune au sujet de la souscription de « Une amie à vie », dit d'elle :

« Au rédacteur de la « Tribune »

SIRE : -

« Je voudrais que vous me permettiez de dire quelques mots au sujet de Mme Josephine M. Ayer, qui est morte à Paris lundi. Probablement personne ne connaissait cette femme estimable mieux que moi. Elle était une femme noble, descendue d'un stock héroïque de quakers de la Nouvelle-Angleterre. Elle avait hérité de leur caractère, la douceur particulière et leur nature patiente, avec toute la fermeté du dessein et de la tolérance pour les défauts du monde qui feraient une femme noble. En ces jours de hâte et d'anxiété, on pense trop à ce que les gens font, et trop peu à ce qu'ils sont. Emerson dit : 'Être, c'est agir.' Comme on y pense peu ! Tout comme Mme Ayer le faisait pour ses amis, c'est ce qu'elle était qui l'attachait à elle, et dont personne ne pouvait échapper l'influence. Bien qu'une partie considérable de son temps eût été consacrée aux questions de la société, c'était avec le désir de contribuer au bonheur des autres, et non pas parce qu'elle était dans l'âme, ou en tout cas, une femme de la société. Elle aimait voir les autres heureux. Elle se donnait beaucoup de mal et sans se fatiguer pour cela. Combien de fois l'avais-je vu s'obliger elle-même d'être présent à un peu de divertissement qu'elle avait préparé, quand elle semblait pâle et lasse, simplement 'parce qu'elle ne voulait pas décevoir ses amis.'

« À l'automne de 1889, alors qu'elle conduisait avec Lady Clark à Paris, elle sortit de la voiture pour faire sa marche habituelle. En tournant un coin, elle fut poussée et renversée par un taxi, et ses deux bras furent cassés. Elle se dressa sur les pieds avec un peu d'aide, monta dans sa voiture, prit à la légère l'incident à sa compagnonne, puis retourna à l'Hôtel Continental, où elle logeait, et, disant au revoir à sa compagnonne, elle prit l'ascenseur et se rendit seule dans sa chambre, et même le garçon d'ascenseur n'a pas remarqué que quelque chose lui était arrivé, car elle cachait si parfaitement sa souffrance. Elle envoya chercher son médecin, qui fut obligé de poser les os sans l'administration d'éther ni d'anesthésie, qu'elle refusa de prendre, et supporta l'opération avec à peine un gémissement. Elle avait tout le courage et la détermination de ses ancêtres Quakers.

« Ses œuvres de bienfaisance étaient bien placées et très généreuses. La gentillesse et la douceur étaient les caractéristiques les plus évidentes pour ceux qui la connaissaient bien ; et ils étaient nombreux, et ils lui étaient chers, ainsi qu'elle l'était pour eux, et ils se souviendront d'elle, et elle leur manquera, et ils pleureront sa perte de plus en plus au fil du temps ; car elle était unique dans ses caractéristiques et possédait la faculté de s'impressionner dans le cœur de ses amis, à ne jamais oublier. »

Une amie à vie.

« NEW YORK, 7 janv. 1898. »

« Mme Ayer était toujours prête à aider les artistes et chanteurs américains en difficulté qui se rendaient à Paris pour étudier. Son sac à main et sa sympathie n'avaient jamais été sollicités en vain, et souvent elle cherchait ceux qu'elle croyait dignes. Mme Ayer vécut à Lowell jusqu'à la mort de son mari en 1878. Elle était ensuite venue à New York, et pendant un certain nombre d'années a occupé la maison numéro 5 de West 57e Street, mais depuis 1889 elle a vécu à Paris, où elle avait occupé une position sociale distinguée, étant accueillie dans les maisons les plus exclusives des vieilles familles françaises, auquel peu d'Américains accédaient. Mme Ayer était une amoureuse et une généreuse mécène de l'art et de la musique. Ses divertissements sociaux et musicaux sont devenus bien connus dans toute la capitale française, et ses œuvres de charité privées et publiques étaient les plus libérales au pays et à l'étranger. Elle avait fondé l'Ayer Home for young women and children à Lowell. » (*Home Journal*, New York)

Le correspondant parisien du *New York Times* écrit :

« Dans la société américaine, les festivités du Nouvel An ont été surchargées par la mort subite de Mme Ayer, survenue il y a deux jours, après une maladie d'une quinzaine de jours. Elle vivait à la rue Constantine, et était très aimée par toutes les classes de la société. Son portrait, de Carolus Duran, exposé au Salon du Champs de Mars il y a trois ans, fut la sensation picturale de l'année. Ses soirées musicales étaient très largement fréquentées. Elle était très charitable, et sa perte sera grandement ressentie non seulement par les artistes et les hommes de lettres dont elle fut mécène, mais aussi par les pauvres, à qui elle était une Dame généreuse d'une générosité infatigable. »

Le Pennsylvania Hospital, de Philadelphie, auquel Mme. Ayer a légué la somme de cinquante mille dollars par son testament, ont érigé très généreusement un de leurs plus beaux bâtiments à sa mémoire, à utiliser comme laboratoire clinique pour l'étude de toutes sortes de germes et de maladies germinales, pour l'avancement général de la science de la bactériologie. Le bâtiment est inscrit,

Érigé à la mémoire de Josephine M. Mayer.

« Mme Ayer était une amoureuse et une généreuse mécène de l'art et de la musique. À Paris, ses divertissements sociaux et musicaux sont devenus bien connus dans toute la capitale française. Les organismes caritatifs privés et publics de Mme Ayer étaient très libéraux au pays et à l'étranger. Ce qui l'intéressait le plus était l'Ayer Home, qu'elle fonda pour les jeunes femmes et les enfants à Lowell. » (New York Tribune?)

« La veuve du Dr Ayer, de Lowell, est décédée récemment à Paris. Elle était bien connue dans cette ville comme une personne d'une grande bonté. Sa maison était à la rue Constantine. Les malheureux artistes et hommes littéraires, outre les pauvres des masses, furent matériellement aidés par les dollars américains de Mme Ayer. Il y a trois ans, son portrait, peint par Carolus Duran, avait suscité beaucoup d'éloges. Il fut accroché dans le Salon Champs de Mars." (The Independent, New York.)

« Le testament de Mme Josephine M. Ayer a été présenté en homologation à Cambridge. Il contient un legs d'intérêt local et un des plus munificents en caractère, à savoir, 100,000 $ pour l'Ayer Home for Young Women and Children. Ce legs surpasse facilement tous les souvenirs antérieurs des institutions de Lowell et, compte tenu de la grande générosité dont Mme Ayer avait fait preuve à l'égard de la Maison au cours de sa vie, fait d'elle la plus importante parmi les bienfaiteurs des organismes caritatifs de la ville. » (Lowell Courier)

La mort de Mme J. C. Ayer, qui, depuis tant d'années, occupe une place de choix dans cette ville, a profondément attristé la société française et américaine. Sa perte sera ressentie non moins par les pauvres, qui bénéficiaient de sa charité somptueuse, mais discrète, que par ceux qui jouissaient de nombreux privilèges de sa connaissance immédiate. PARIS, 7 janvier 1898.

À l'assemblée annuelle de la corporation de l'Ayer Home for Young Women and Children, tenue le onzième janvier, dix-huit cent quatre-vingt-dix-huit, les résolutions suivantes au décès de Mme Josephine M. Ayer ont été adoptées par un vote ascendant :

Les membres de la corporation de l'Ayer Home for Young Women and Children, réunis en assemblée annuelle, ont reçu avec un profond regret l'annonce du décès de Mme Ayer.

Son esprit bienveillant, qui répondait si volontiers et si généreusement aux nombreuses œuvres caritatives de Lowell, était particulièrement généreux envers cette institution qui porte le nom qu'elle portait. Le public sait en partie, ce que nous savons et apprécions pleinement, combien il lui est dû en grande partie que la maison d'Ayer occupe maintenant la maison qu'elle avait si bien ornée, qu'elle avait connu une telle mesure de prospérité jusqu'à présent, et qu'il est en mesure d'abriter et de protéger tant de sans-abri.

Notre nom perpétue le souvenir de sa générosité et de celle de ses enfants, mais nous, en tant que membres de cette société, désirons enregistrer notre sens très profond de notre obligation envers elle et de la perte personnelle que nous avons vécue dans sa mort.

Nous demandons que cette brève mais sincère expression de notre appréciation de son intérêt pour la Maison et de sa générosité indéfectible à son égard, soit perpétuée sur les dossiers de la société, et que le greffier soit prié d'en transmettre une copie à la famille avec nos plus sincères condoléances.

MARY A. WEBSTER,

"Secrétaire de la Société Ayer Home for Young Women and Children"

Josephine Mellen Ayer: A Memoir

Let me taste the whole of it, fare like my peers
The heroes of old,
Bear the brunt, in a minute pay glad life's arrears
Of pain, darkness, and cold.
For sudden the worst turns the best to the brave,
The black minute's at end,
And the elements' rage, the fiend-voices that rave,
Shall dwindle, shall blend,
Shall change, shall become first a peace out of pain,
Then a light, then thy breast,
O thou soul of my soul ! I shall clasp thee again,
And with God be the rest.

BROWNING.

The following Memoir embraces a brief account of the persecution to death of Mrs. Ayer's colonial Quaker ancestors,

LAWRENCE AND CASSANDRA SOUTHWICK

MRS. Josephine Mellen Southwick-Ayer was born on December 15, 1827, in Medway, Massachusetts, and died on January 3, 1898, in Paris, France. Her life, for the most part, was cast in pleasant places. A believer in reincarnation would say that she enjoyed the fruits of self-denial practised and temptations conquered and good deeds done in a previous state of existence. But however befriended by fortune, to all life brings its trials, its duties, and its opportunities. The burdens laid upon her Mrs. Ayer endured with such patient courage and fortitude that few besides herself knew that her life was not always all sunshine ; the obligations imposed upon her she discharged faithfully ; her opportunities she improved, not alone for herself, but for others, so that it may be truly said many found this world a better place to live in because she had lived in it. In filling the psalmist's allotted span of life, she was a dutiful and loving daughter, a helpful and devoted wife, a wise and tender mother, and at all times a loyal friend.

Her maiden name was Southwick. She was the daughter of Royal Southwick and Direxa Claflin. Her father was a Quaker, and all her ancestors in the male line for several generations back had been members of that gentle but heroic sect :

> " Nursed in the faith that Truth alone is strong
> In the endurance which outwearies Wrong ;
> With meek persistence baffling brutal force,
> And trusting God against the universe."

Royal Southwick was a direct descendant of Lawrence and Cassandra Southwick, martyrs in the cause of religious freedom in the days of colonial Massachusetts, who were persecuted and destroyed for being Quakers. Lawrence Southwick came from Lancashire, England, to America in 1627. He returned to England and brought his wife Cassandra and two children to Massachusetts in 1630, on the Mayflower, in company with William Bradford, and settled at Salem,

Massachusetts. James Savage, in his Genealogical Dictionary of First Settlers of New England, says: "In the dark days of delusion against the Quakers the whole family of Lawrence and Cassandra Southwick suffer much from fines and imprisonment." In Felt's Annals of Salem we find that on October 14, 1656, the Court of Assistants took into consideration the appearance of Friends in their jurisdiction. They charged them with claiming to be inspired, writing erroneous doctrines, and despising the orders of Church and State. They ordered that if any Friend came into Massachusetts he should be confined in a house of correction, severely whipped, be kept at hard work, and not suffered to speak. On October 14, 1657, the Court of Assistants enacted, that each male of the Friends, if returning after the law had been executed on him, should have one of his ears cut off ; for the second return he should have the other ear cut off ; each female so doing- should be whipped ; if either sex came back a third time, they should have their tongues bored through with a hot iron.

From the Massachusetts Colonial Records we find that in 1656 Cassandra Southwick was arrested and fined for nonattendance at church. After this, she and her husband were excommunicated from the Church.

In 1657, Lawrence and Cassandra Southwick were committed to a Boston prison for having entertained two Quakers at their house. Lawrence was released, but Cassandra served a sentence of seven weeks' imprisonment for having a Quaker paper in her possession. In May, 1658, Lawrence, Cassandra, and their son Josiah were arrested, whipped, and imprisoned for twenty weeks at Boston for being absent from public worship and owning the Quaker doctrine. In October, 1658, they were again imprisoned, with others, in Ipswich, for the same offence, Cassandra being again whipped. According to the Massachusetts Colonial Records, the Quakers imprisoned at

Ipswich were sent for October 19, 1658. All six, including the three Southwicks, were "enjoyned at theire perrill to depart out of this jurisdiction before the first day of the Court of election next." They still remained; and on May 11, 1659, was passed the sentence of banishment : "It is ordered that Lawrence Southwick and Cassandra his wife, Samuel Shattocke,* Nicholas Phelps, Joshua Buffum and Josiah Southwick hereby are sentenced, according to the order of the General Court in October last, to banishment, to depart out of this jurisdiction by the 8th of June next, on pain of death ; and if any of them after the 8th of June next shall be found 'within this jurisdiction, they shall be apprehended by any constable or other officer, there to lie till the next Court of Assistants, when they shall be tried, and being found guilty of a breach of this law, shall be put to death." Lawrence and Cassandra Southwick went to Shelter Island, Long Island Sound, and soon died there, within three days of each other, from privation and exposure ; his wife died three days after him. Of Endicott and his minions Gough writes :

> The proceedings of these haughty rulers are strongly marked throughout with the features of self-importance, inhumanity, and bitter malignity ; but I know of no instance of more persevering malice and cruelty, than that wherewith they persecuted the aforesaid Lawrence and Cassandra Southwick and their family. Thus despoiled of their property, deprived of their liberty, driven into banishment, and in jeopardy of their lives, for no other crime than meeting apart and dissenting from the established worship, the sufferings of this inoffensive aged couple ended only with their lives
>
> (Gough's *History of the Quakers*].

Josiah Southwick, son of Lawrence and Cassandra, having returned from banishment, was again arrested, and ordered to be "stripped from his girdle upwards, tied to a cart's tail and whipped ten stripes in each of the towns of Boston, Roxbury and Dedham."

Daniel and Provided, a son and daughter of Lawrence Southwick, were fined £10 for absence from church and for siding with the Quakers. Being unable to pay the fine, their parents' estates having been reduced by fines and distraints, they were ordered to be sold for bond-slaves, the county reasurers being empowered "to sell the said persons to any of the English nation at Virginia or Barbadoes, to answer the fines." But no shipmaster could be induced to take them. It was from this son, Daniel, that Mrs. Ayer was directly descended.

Under the title of Cassandra Southwick, Whittier has described the sublime courage of Provided Southwick, which was born of faith that refused to yield to persecution and recant, and how she passed the night in prison before the day set for carrying out the diabolical sentence that had been passed upon her :

"All night I sat unsleeping, for I knew that on the morrow
The ruler and the cruel priest would mock me in my sorrow ;
Dragged to their place of market and bargained for and sold,
Like a lamb before the shambles, like a heifer from the fold!"

He tells what temptations beset her, alone in her wretched cell, to purchase freedom by renouncing what she had been taught was the way of salvation, and how these gathered force as she contemplated her future :

"And what a fate awaits thee ! a sadly toiling slave,
Dragging the slowly lengthening chain of bondage to the rave!
Think of thy woman's nature, subdued in hopeless thrall,
The easy prey of any, the scoff and scorn of all!"

The poet describes how her faith finally triumphed over the weakness of the flesh :

"Bless the Lord for all his mercies ! for the peace and love I
                                                                            felt,
Like dew of Hermon's holy hill, upon my spirit melt ;
When ' Get behind me, Satan ! 'was the language of my heart,
And I felt the evil tempter with all his doubts depart.

In the morning her prison doors were opened, and with the sheriff at her side and a wondering throng at her heels, she was marched down to the beach :

"Then to the stout sea-captains the sheriff, turning, said,
' Which of ye, worthy seamen, will take this Quaker maid ?
In the Isle of fair Barbadoes, or on Virginia's shore,
You may hold her at a higher price than Indian girl or Moor.'

"Grim and silent stood the captains ; and when again he cried,
'Speak out, my worthy seamen ! 'no voice, no sign replied ;
But I felt a hard hand press my own, and kind words met my
                                                                            ear,
'God bless thee and preserve thee, my gentle girl and dear! '

"A weight seemed lifted from my heart, a pitying friend was
                                                                            nigh,
I felt it in his hard right hand, and saw it in his eye ;
And when again the sheriff spoke, that voice so kind to me,
Growled back its stormy answer like the roaring of the sea :

"Pile my ship with bars of silver pack with coins of Spanish gold,
From keel piece up to deck plank, the roomage of her hold-
By the living God who made me I would sooner in your bay
Sink ship and crew and cargo, than bear this child away !'

"Well answered, worthy captain, shame on their cruel laws !'

Ran through the crowd in murmurs loud the people's just
applause.
'Like the herdsman of Tekoa, in Israel of old,
Shall we see the poor and righteous again for silver sold ?"

So human nature, as it has often done, despite the doctrines of
total depravity and original sin, proved its superiority to
intolerant and fanatical theology, and Provided Southwick was
saved from a fate worse than death.

In 1884, a monument was erected at Shelter Island to the
memory of Nathaniel Sylvester, the proprietor who gave
refuge to the Quakers. There are inscriptions on each face of
the monument ; that on the east end reads as follows :

"LAWRENCE AND CASSANDRA SOUTHWICK,

Despoiled—Imprisoned—Starved—Whipped—Banished,
Who fled here to die."

At the unveiling of the monument, a poem by Whittier was
read :

"Over the threshold of his pleasant home

Set in green clearings, passed the exiled Friend,
In simple trust, misdoubting not the end.
'Dear heart of mine !' he said, ' the time has come
To trust the Lord for shelter.' One long gaze
The good wife turned on each familiar thing
The lowing kine, the orchard blossoming,
The open door that showed the hearthfire's blaze
And calmly answered, ' Yes, He will provide.'

Silent and low they crossed the homestead's bound,
Lingering the longest by their child's grave-mound.

'Move on, or stay and hang !' the sheriff cried.
They left behind them more than home or land,
And set sad faces to an alien strand.
[..]
"So the gray Southwicks, from a rainy sea,
Saw far and near the loom of land, and gave
With feeble voices thanks for friendly ground
Whereon to rest their weary feet ; and found
A peaceful deathbed and a quiet grave,

Where, ocean-walled and wiser than his age,
The lord of shelter scorned the bigot's rage."

To such people who had the courage of their convictions, be
the sacrifice what it might, the world to-day owes its release
from an inconceivable barbarity of religious fanaticism, which
had bidden fair to drag the world back to its darkest ages. Such
Christian advocates as Endicott, once in power, have invariably
sought to inculcate their message of peace and good will with
the gallows and fagots in full sight. Nor have they been
backward in applying the torch. Quakers were imprisoned,
beaten, robbed, dragged through the streets, banished, and
hung for presuming to entertain their own opinions and to
worship their Maker in their own way. As for us who come
after them to reap the harvest of their manful resistance, we
who breathe an air of freedom because they played the parts
of men and women to the last resort ; we who live to think and
act for ourselves because they died, let us not cease to shout
their paeans and rear their monuments, that the sweet memory
of them may not perish from the earth.

For a more detailed account of the persecution and sufferings
of the Southwicks see Sewel's History of the Quakers ;
Watson's *Life of George Fox* ; Bishop's *New England Judged by the
Spirit of the Lord* ; Savage's *Genealogical Dictionary of First Settlers of
New England* ; Felt's *Annals of Salem* ; *Massachusetts Colonial*

Records ; Cough's *History of the Quakers* ; Whiting's *Truth and Innocence Defended* ; *American Ancestry* (Joel Munsell's Sons, Albany, 1888, vol. iii.) ; *The Quaker Invasion of Massachusetts*, by Hallowell (Houghton, Mifflin & Co., 1887).

Royal Southwick was a worthy representative of heroic ancestors. He, too, was a Quaker with the courage of his convictions in religion and all other things. His inborn hatred of oppression and injustice and his love of liberty made him an outspoken Abolitionist in the days when speech of that sort was indulged in at the risk of a broken head. He entertained William Lloyd Garrison at his home when politicians hurled anathemas at him and mobs pursued him. He made Frederick Douglass the recipient of his hospitality when association on terms of equality with a negro was regarded as evidence of depravity of the worst sort. And yet such was the high esteem in which his character was held in Lowell that he easily triumphed over the prejudices which these acts aroused. He served in the House of Representatives for several terms, was later elected to the State Senate, and for several years was chairman of the Whig City Committee.

A man is known by his friends. Royal Southwick enjoyed the friendship of Daniel Webster, Henry Clay, and the Quaker poet, John Greenleaf Whittier. One of his sons was named after Henry Clay. Royal Southwick resembled Webster in one striking particular. His head was of the same size, and for many years he and Webster wore hats made on the same block in Boston. Webster, it is well known, had one of the largest brains known to science.

Royal Southwick died in 1875, being then eighty years old, carrying with him to the grave the well-earned respect of all who had known him.

This Quaker ancestry is of interest because it supplied those characteristics which furnished the keynotes to Mrs. Ayer's character gentleness and firmness. She was not a Quaker herself ; her religion was too broad for sectarian limitations ; but none the less was it deep and sincere, finding its chief expression in acts of kindness and charity and helpful counsel which made her presence as welcome as sunshine in many a household besides her own.

From her mother, Direxa Claflin, she inherited that common sense which is so very uncommon, and soundness of judgment that made her of great assistance to her husband in the conduct of his large business affairs. Direxa Claflin was a sister of Horace B. Claflin, that Bayard of the mercantile world, who successfully conducted the largest dry goods business then in existence, while maintaining the highest standard of integrity and honor. It was of him that Henry Ward Beecher said :

> "He grew gentle and tender where men are apt to become suspicious and cynical. He had the power of discerning men. He saw the difference between prudence and honesty, and yet he never grew sour, but always, until the very end, he had charity for the infirmities of men."

The house which he established, now known as the H. B. Claflin Company, still stands as a monument to his enterprise and sagacity, and many a gray-haired man recalls gratefully the helping hand which, when young, was extended to him by Horace B. Claflin.

In 1829, when Mrs. Ayer was still an infant, her father and mother moved to Lowell, Massachusetts, where they lived for many years. Much of Mrs. Ayer's girlhood was spent with Horace B. Claflin's mother—"Grandmother Claflin," as she was called in the Ayer family. A most excellent woman she was, with the oldschool notions of the limitations of woman's sphere and the importance of household work as an essential of early training. Mrs. Ayer undoubtedly profited much by early association with this kindly woman, who, in her own life, furnished such excellent example of devotion to duty as she saw it. But let it be acknowledged that Mrs. Ayer never acquired "Grandmother Claflin's ' high regard for household industry as a factor in woman's training and education. She never did believe O that much washing of dishes was essential to the development of high ideals of feminine character.

In talking of her early life, in her own family circle, she used sometimes to tell how, when she was a mere child, she was once set to cleaning silver by "Grandmother Claflin," and in a burst of girlish petulance declared :

"Oh! I just hate cleaning silver."
Whereupon "Grandmother Claflin," pained and shocked, remarked gravely :

"Little girls who hate cleaning silver should be made to clean it until they love to do it."
The little girl turned this observation over in her mind for some time while still plying the chamois, and then, perceiving that it held out a ray of hope for escape from the task which she disliked so intensely, exclaimed with apparent glee :

"Oh, Grandma, I just love cleaning silver!" But "Grandmother Claflin," though a firm believer in instantaneous conversions in matters of faith, was sceptical about such sudden changes in ordinary matters of life, and the little girl's announcement that her hatred of silver cleaning had been transformed into love for it did not bring her the reward she expected, an order to clean silver no more.

Mrs. Ayer had that kind of pride which prompts one to conceal one's own hurts. Ever ready to bestow sympathy, she never sought it. Her own standard was that of the stoic. She scorned to yield to physical pain. In her younger days she suffered much from headaches of the severest type. She often went to a ball in those days with a splitting headache, but none ever suspected it, because with the gay she was always among the gayest. Only her maid would discover it when on her return she would throw herself on her couch utterly exhausted, not by physical exertion or weakness, but by the effort to subdue the fiend that had been racking her brain. This self-neglect, for such it was, more or less persisted in through life, caused her much unnecessary suffering and illness, and no doubt resulted in very materially shortening her days. Only a few months before she died she acknowledged that it had been the great mistake of her life. Not knowingly, however, did she neglect herself. She was gifted with too sound a sense to run against her knowledge. But she was continually and unwittingly overestimating her strength. She lived to realize and admit that nature will not tolerate any slight, not even the smallest inattention, and never forgives or forgets an injury ; and that those who would lock arms with fate must first learn to make their bow and bend their knee to the iron-handed autocrat of health.

Yet hers was essentially a joyous nature. It proclaimed itself in her frequent laughter, which was hearty, spontaneous, mirthful, and melodious withal. It was that winning, lighthearted laugh of hers that brought about the most important event of her life. At a little social gathering fate ordained that she should be the partner of James Cook Ayer in a game of whist, and that at a critical stage of the game she should trump his trick. He took a very serious view of whist in those days and chided her for her oversight. And she responded with a laugh, a laugh so frank and free and musical, and revealing such a wellspring of happiness within, that Mr.

Ayer then and there, as he subsequently acknowledged, fell in love with her, and resolved to win her for his wife. He succeeded, for the guiding principle of his life, as he himself so aptly expressed it, was " Undertake what you can accomplish, and accomplish what you undertake."

When one recalls what manner of man Mr. Ayer was, it is not to be wondered at that that gleeful, girlish laugh fell upon his ears like rain upon a long-parched land, and caused the flower of the divine passion to take instant root within him. His early life had been a struggle of the grimmest, sternest sort. There had been very little play in it. At eleven years of age he set to work attending a picker in a woollen factory at four cents an hour ; and to increase his earnings often worked twenty hours out of the twenty-four, for in those days there was no benignant child-labor law. There are some men, Galton tells us in his work on hereditary genius, who are bound to amount to something, despite all the obstacles that may be put in their path. Of this irrepressible type was James Cook Ayer. That which would have crushed utterly boys far above the average in intelligence and ambition simply acted as a stimulus upon his indomitable spirit and boundless energies. He refused absolutely to yield to circumstances. Every opportunity that came his way he made the most of. And thus he obtained an education and became a classical scholar of the first attainments. He learned to read and write the Portuguese language after he was fifty. When he was twenty-one he invented a rotary steam engine. Numerous other later inventions at- tested his mechanical versatility. He studied medicine. He became an expert chemist. He made himself acquainted with all the latest discoveries of science. He organized and managed a vast business. He took a hand in politics. He was a master of the intricacies of finance. He built railroads, canals, and cotton mills. He founded the town of Ayer. But up to the time that he met the charming young lady who was to become his wife, he had gone through life like a soldier, fighting for everything that he gained. It had been one long battle with only here and there the briefest sort of a furlough. So when he heard that laugh it revealed to him a nature that had thriven on, and enjoyed to the full, what he had so keenly missed in his own life. He recognized the true complement of himself.

They were married on November 14, 1850. He was then thirty-two years old and had already laid, strongly and substantially, the foundations of his fortune. She lacked a month of being twenty-three years old. The union was in every way a happy one. In Mrs. Ayer he found, as he himself wrote nearly a quarter of a century after their marriage, "that great, best gift of God to mana good wife." But not only in the sphere of his home did she prove herself truly a helpmeet. In his business enterprises he found her judgment invaluable. It is his own testimony that after their marriage he never made an investment, nor engaged in a new enterprise, nor reached a decision in any critical matter affecting his business, without first consulting her; and to no course would he commit himself without her approval. So great was his confidence in her judgment, that he made her one of the executors and trustees of his will. From a man of the ordinary range of activities testimony of this sort would not mean much ; but when one recalls the extent of Mr. Ayer's business ramifications and the success which he achieved, it becomes very significant.

To that intuitive knowledge of human nature which, in company with many other good women, Mrs. Ayer possessed to a remarkable degree, she added the results of minute powers of observation, and thus acquired a capacity for "reading people" of which her husband often availed himself. He used to say that he never knew her to be mistaken in her estimate of persons whom she had met. She took great delight in the study of character, and some of her deductions, from seemingly trivial and in- consequential actions, would have delighted a Sherlock Holmes.

Once, when driving down Fifth Avenue with one of her sons, when a jam in the thoroughfare compelled very slow progress, she called his attention to a woman who was walking on the sidewalk a little ahead of the carriage, and going in the same direction, with the observation :
"There goes a woman it would not be safe to "trust."
Why, how do you know that?" asked her son. "Have you ever seen her before?"
"No," Mrs. Ayer replied, "I never set eyes on her before ; but women who walk like she does are never to be trusted."

Then she directed her son's attention to a peculiarity in the woman's gait that had entirely escaped his observation, and treated him to a highly entertaining dissertation on character as indicated by gait in walking, with illustrations drawn from life, which showed that she had devoted to the subject much original thought and study.

After his marriage, Mr. Ayer took a house in Gorham Street, Lowell. There were born their two sons, Frederick Fanning and Henry Southwick, who survive them. Soon after this Mr. Ayer purchased the historic " Stone House," or " Stone Tavern," as it was sometimes called, on the right bank of the Merrimac River and within sound of Pawtucket Falls. It was built on the site of the wigwam of the celebrated Indian chief Wanalancet, who did not wait until his death to become a "good Indian," but embraced Christianity and proved himself a friend of the white man. Here Mr. and Mrs. Ayer lived for some twenty-seven years and dispensed a generous hospitality, which, added to sprightly wit and intellectual conversation, made their home one of the social centres of Lowell. Not a few celebrities here found entertainment and refreshment, the most renowned of whom was Daniel Webster.

Mrs. Ayer was a tactful, graceful, and gracious hostess, and thereby added much to her husband's popularity. She was an adept at the art of "drawing people out" and pleasing them by making them well pleased with themselves. But she never allowed any social functions to interfere with her full performance of those higher duties which held the first claim on her, nor to divert a moment of her time and devotion from her first thought, which was al- ways her children. To them she gave all the watchfulness of her waking and her sleeping hours. Early in life she was obliged to adopt the customary afternoon nap as a temporary respite from the labors of the day. Unwilling to trust her children with a nurse while she herself was sleeping, she would invariably lock them all in the room with her and see them safely to sleep, before venturing herself into the strange region of forgetfulness. With the ample means which Mr. Ayer's growing for- tune enabled him to place at her disposal, she found opportunity to cultivate those tastes which, next to her family, were her chief source of delight. She adorned her home with beautiful pictures and choice works of art, and showed a rare and wonderful taste in their selection and arrangement. She had an instinctive and keen sense of harmony in color, which is much rarer than the sense of harmony in music, and which enabled her to give to her home that artistic atmosphere which wealth without culture can never simulate.

She was, however, passionately fond of music, and loved to share her appreciation of it with her friends. She gave many musicales and sought for them the best talent obtainable. But music of any sort gave her pleasure, and she was too frank and independent to seek to disguise the fact for the purpose of assuming superiority of taste. She liked the best, but that did not make her indifferent to the second, third, or fourth best.

To the "tender charm of poetry" she was keenly sensitive. The poets were the favorite companions of her leisure hours. She had an unusually retentive memory, and the treasures that were thus gathered in her mental store- house she loved to bring forth for the pleasure of her friends. She made no pretensions to elocutionary art, but she read and recited well, because she had the feeling and sympathy which enabled her to understand and interpret with natural grace the best utterances of the master singers of the English tongue.

For artificiality of any sort she had a strong aversion, particularly that form of it commonly called "putting on airs." It was impossible for her to be otherwise than her natural self at all times and in all places, but her depth of insight and breadth of character gave her great powers of adaptability, and thus she could make herself "at home" with persons of widely divergent tastes and attainments.

Blessed days for her were those spent in the "old Stone House." There was born her only daughter, who survives her, Mrs. Lesley Josephine Pearson, widow of the late Commander Frederick Pearson, of the United States Navy. There she met and faithfully discharged the added cares and responsibilities that were thrust upon her as she developed from young womanhood to matronhood, without any loss of that kindliness of heart and gracious sweetness of manner that had characterized her when she first entered the old home as a bride. There she extended the helping hand and open purse to many who sought her in sorrow, poverty, and affliction. There fell upon her the first great shadow of her life --the loss of a favorite brother, Edward F. Southwick, who died in August, 1855, before he had reached the age of eighteen. His loss to her was most keenly felt ; and, aside from the natural occasion for grief, she had every reason for taking it greatly to heart. Let me pause for a moment, to drop a flower upon his grave. He was a lad of uncommon promise. He seemed to have had united in him all the great qualities of his Southwick ancestors. His character was an unusual one, distinguished by a certain marked superiority of unworldliness coupled with an exalted nobleness of thought and aspiration, which placed him at once in the bright galaxy of lofty souls. His whole nature was markedly spiritual. He seemed not so much to mingle with the world as to hover above it. "His soul was like a star, and dwelt apart." He seemed to be sufficient unto himself. Mature with a wisdom beyond his years, he was welcomed as oracular in the presence of his elders. He was calm with that "high seriousness "of Matthew Arnold, which seemed strange and awe-inspiring in one so young. There was an unspeakable charm about him which seemed to be the blossom of great manliness with exalted ideals, united to a wondrous gentleness of mind and manner. The lesser gifts of intellect—talents which adorn, but never make a man—nature had showered upon him. No one who ever saw him could ever forget him. Strange that one so rare and so keenly needed, should be hurried from the world almost before he had had time to speak. Such spirits appear to dip their wings for an instant only in a wave of the cold rough waters, and then to rise again towards the star-sown domes from whence they sprang. Who knows but that Plautus gave us the true explanation :

"Whom the gods love die young"?

Twenty-three years after there fell upon her the second great shadow of her life, the loss of her husband, who died July 3, 1878. They were made for each other, and were devoted to each other ; and as they climbed the hillside together, the skies scattered more than the allotted share of roses across their path. But the night cometh ; and it was her night ; and none could know the deep darkness of it when his star had set.

But, notwithstanding these great sorrows, life for her still held its duties, and her children claimed her care and guidance. She believed in the "strenuous life" ; in gathering up " the fragments that remain, that nothing be lost." Not a moment was thrown aside. To be of service, that was her motto to be of the utmost usefulness in her power, and in her way. She worshipped the beautiful. No matter what form it took, or where it appeared, there she could be found, a never-failing pilgrim, kneeling at its shrine. It was her master passion : To discover it, create it, purchase it, display it, and see it capture others in its net ; see it come forth in new forms to make new converts—bringing the greatest number under its greatest spell—that was her delight. She was a born artist. With the right training in the beginning of life, she would have become an artist of the first distinction. She had the creative faculty to evolve beauty from her own ideals, and to stamp it upon others. I know of no spaces in the firmament of beauty she did not cultivate. To her, everything seemed to have its beautiful side, even as to Victor Hugo the slimy waters of the sewer reflected the stars.

To do right, that was her religion. "Do what is right, and you will accomplish what you wish"; those were her words, oft repeated. And how faithfully she followed them ! With her the conscience had to approve to the uttermost. No avoidance of what appeared to her to be a duty. Like her Quaker ancestors, she was not shackled by any doctrines or creeds. To do right, that was enough, to do right under all circumstances and without fear. Her fearlessness and courage were most marked. And, with it all, she was most gentle. In all respects, and in the largest degree, she was a gentlewoman. She had the gentleness of a pigeon, with the fixed purpose and straight determination of an eagle. Utterly unsordid, she faced what she believed to be right without a dawn of hesitation; for in her make-up she knew no fear.

Soon after her husband's death, she moved to New York, and made her home at No. 5 West Fifty-Seventh Street. Here in due time her life resumed its wonted course. The old "Stone House" with its hallowed memories she transformed into a home for young women and children, and by her will bequeathed $100,000 for its endowment and support. Her new home she again stocked with treasures of art selected with her usual consummate taste, and in it, she entertained her friends in the same delightful fashion that had characterized her hospitality at Lowell.

After she took up her residence in New York, she was in the habit of going to Europe every spring, returning in the fall. She went to Europe, as usual, in 1889, but was destined never to return. An accident changed the tenor of her life. An incident preceded it which is worth mentioning because of the interest it may possess for students of the occult.

She was staying at the Continental Hotel in Paris with her friend, Lady Clark. It was about the end of October, and she had made all preparations for her return voyage to America, and had engaged passage on one of the French line steamers that was to sail in a few days. Lady Clark told her that there was a clairvoyant staying at the hotel, and suggested that they call her in and see what could be got out of her. Regarding it merely as a diversion, Mrs. Ayer acquiesced. The clairvoyant was summoned, and after some questioning as to the peculiar powers to which she laid claim, announced her willingness to submit them to a test.

She appeared to go into a species of trance, and then Mrs. Ayer asked her what kind of a voyage she was going to have on the steamer in which she expected to return to America. After a pause of a minute or so, the clairvoyant answered :

"I have been all over the steamer, but I do not see you on board of her."

"You must be mistaken about that," said Mrs. Ayer, laughing, "for I have already engaged passage on her, and am all ready to go on board."

"You will not sail on her," declared the prophetess who professed her ability to see into the future with closed eyes.

Mrs. Ayer laughed again sceptically, but asked no more questions on that point. After some further probing in other directions without eliciting anything definite, the clairvoyant volunteered the information : "You are going to meet with a serious accident."

This gruesome prediction, which might have caused a woman of less strong nerves some uneasiness, produced no effect whatever on Mrs. Ayer, and the woman was dismissed after receiving her fee.

Next day she went out for a drive with Lady Clark. After the carriage had gone some distance, Mrs. Ayer, who had been advised to take active exercise by her physician, left it for a short walk, her friend remaining in the carriage to await her return. She had gone only a little way and was about to cross a street, when a cab dashed around the corner and knocked her down. The driver, as is usual in such cases, without stopping to see what injury he had done, whipped up his horses and disappeared. The wheels had passed over both arms, breaking the right elbow and the left wrist. Of course the pain which she suffered was intense. But after some spectators had assisted her to her feet, she walked unaided to the carriage in which she had left her friend, and, taking her seat therein, directed the driver to return to the hotel. More intent on sparing her companion alarm than on the consequences of what had happened to herself, she said nothing about the accident on the ride back to the hotel ; and with such stoical fortitude did she control her sufferings that her friend entertained not the remotest suspicion of what had befallen her. Only after she had reached her own apartments in the hotel did she relax the vise like grip in which she had held her feelings under subjection ;

and, throwing herself on a couch, directed her maid to summon a doctor at once.

The physician perceived immediately the serious nature of her injuries. He told her that he would have to set the broken bones in plaster casts, and, as a matter of course, proposed that she take some anaesthetic to render herself insensible to the pain of the operation. But this stout-hearted woman of more than sixty years, with the blood of Quaker ancestors in her veins and the recollection of their valorous submission to suffering and persecution for conscience' sake, would have none of it. She could endure pain as well as they. She merely wanted the operation done as speedily as possible.

After the bones had been set, the doctor told her that he could see no escape from the bed for her for six weeks, as dressing with both arms in plaster casts would be impossible, as a matter of course. But she had another surprise in store for him. She announced her intention of giving a musicale to her friends in two weeks. She did not propose to be shut out from the world for six weeks by such trivial matters as broken bones. Next day she summoned a dressmaker and ordered a dress made with the sleeves cut open from wrist to shoulder, so that they could be wrapped over the arms and be laced up without in any way disturbing the arms in their plaster casts. The dress was made, the invitations to a musicale were issued, and the programme was carried out in her apartments on the date specified, just two weeks after she had been run over by the cab, to the mingled gratification and astonishment of her friends.

But the accident caused her to abandon the idea of returning to America that winter. When she was able to be about again, she leased a house in Paris, No. 19 in the Rue de Constantine. But so pleasant did her stay in Paris prove, so many congenial friends did she make there, so many new interests in life were opened to her, that she stayed on year after year --never to return. It involved no sacrifice of old ties. Her children went over frequently from America to visit her, and her friends in this country enjoyed her hospitality whenever they crossed the ocean. And thus, with a mind ever alert to receive new impressions, the "footfalls of the years" lighted so softly upon her as scarcely to leave a print that was perceptible.

The house in the Rue Constantine, adorned with rare collections of works of art, became the resort of the best people of Paris ; not people of society only, though society took its turn, but artists, the creators of the beautiful, were her favorites. She never lost an opportunity of helping a struggling artist to get on. She founded a resort in Paris for the shelter and assistance of poor American artists who came there to complete their studies. Her house became a salon where her friends could partake of what was best and noblest in the inspirations of the first masters of art. Her literary and musical entertainments, marked by the same exquisite taste that presided over everything she did, were eagerly sought and widely attended by lovers of the Muses, and quickly became a distinguished feature of the French capital, where she gathered about her a host of friends, who were left to mourn the loss of their gentle hostess.

Her taste was faultless. But it was more than that. It was more than capacity to appreciate and understand. It was the constant expression of a deeper attribute - - the power to create and develop ideals of beauty, which she was continually doing in one field or another, and which pointed the unmistakable genius within her. Genius she possessed of an unusual order, the faculty to divine new forms of beauty wholly hers, and she never imitated and seldom adopted the ideals of others. Genius to evolve and taste to adapt were both hers. She delighted to see her taste upheld and appreciated by others ; for, as Sir Joshua Reynolds put it, "taste depends upon those finer emotions which make the organization of the soul." It was with a view of emphasizing these emotions, in order to become the better understood, that she gathered about her as many appreciative friends as would meet her on the common ground of taste to understand and willingness to promote the flowering of every shrub that could be planted in the field of art. For society as such she cared little or nothing. For the growth and prosperity of her pet cause, namely, the incorporation of the beautiful and artistic into everyday life, she cared everything. One woman could scarcely do more to demonstrate and popularize artistic beauty as the starlight and the moonlight beating their way through the fog and smirch of the dreary spaces. Her social entertainments bore the same stamp of gentle refinement No skill was wanting to put her guests on a footing of complete enjoyment, which was her happiness ; so that in London, Paris, and Rome, where she was thoroughly well known and appreciated, she was warmly welcomed as the favorite and unrivalled hostess of the hour.

Through it all ran the thread of her artistic nature—her overmastering faith in the supremacy of beauty wherever she could see it or hear it ; but, above all, where she could bring it into existence by the touch of her magic wand. She had Dante's intense "faith in the ultimate union of perfect beauty and perfect holiness." She believed in the "doom of the ignoble" and the ultimate triumph over all things of the "power that makes for righteousness." Take her for all she accomplished and for all she was, - - her fidelity to lofty ideals, her force of character, her strength of will and fearless courage, her large-heartedness and her extreme gentleness withal, - - and she is destined to be long remembered for one of the most remarkable women of her time.

Her life was a singularly fortunate one ; and yet, it might be truly said, nothing in it so moved her friends to envy as her manner of leaving it. She literally fell asleep in this world and awoke in the next. No wasting disease, no pain, no mental decay, no heartbreaking good-byes preceded the summons of the Angel of Death.

It was her habit to read in bed every night after retiring. On Sunday night, January 2, 1898, she retired earlier than usual. She read until about eleven o'clock, when she asked for a cup of tea. A little after twelve she called her maid to remove the lamp, and composed herself for the night. The morrow found her still sleeping, long after her wonted waking hour, and in the same position her maid had left her the night before. She had not moved ; she had not opened her eyes nor parted her lips. Not a moment's suffering, not an instant of consciousness had intervened ; leaving an expression of utter rest and peace that made her face sweet to look upon. And so she passed away to a better world, truly

"Like one who wraps the drapery of his couch
About him, and lies down to pleasant dreams."

A few only of the many kindly expressions of the Press are added, showing the general regard in which Mrs. Ayer was held ; while the great depth of her love and the tireless tenderness of its devotion could only be known to her immediate family and her nearest friends.

A correspondent, writing to the New York Tribune over the subscription of "A Lifelong Friend," says of her :

"To the Editor of the 'Tribune'"
SIR :-

"I wish you would permit me to say a few words about Mrs. Josephine M. Ayer, who died in Paris on Monday. Probably no one knew this estimable woman better than I. She was a gentlewoman, descended from an heroic stock of New England Quakers. She inherited their peculiar gentleness and sweet- ness of character, with all of the steadfastness of purpose and allowance for the shortcomings of the world that go to make a noble woman. In these days of haste and anxiety too much thought is bestowed upon what people do ; too little upon what they are. Emerson says : ' To be is to act.' How little is thought of that ! Much as Mrs. Ayer did for her friends, it was what she was that endeared her to her, the influence of which no one who ever met her could escape. Although a considerable part of her time was devoted to matters of society, it was with the desire to contribute to the happiness of others, and not because she was at heart, or in any sense, a society woman. She liked to see others happy. She would exert herself to no end of trouble and expense for this purpose. How often I have seen her force herself to be present at some little entertainment she had prepared, when she looked pale and worn, simply ' because she did not want to disappoint her friends.'

"In the fall of 1889, while driving with Lady Clark in Paris, she got out of the carriage to take her accustomed walk. Upon turning a corner she was knocked down and run over by a cab, and both her arms were broken. She got to her feet with some assistance, mounted her carriage, making light of the incident to her companion, drove back to the Continental Hotel, where she was staying, and, bidding her companion good-day, took the elevator and went to her room alone, and not even the elevator boy noticed that anything had happened to her, so perfectly did she conceal her suffering. She sent for her physician, who was obliged to set the bones without the administration of ether or any anaesthetic, which she refused to take, and bore the operation with scarcely a moan. She had all the pluck and determination of her Quaker ancestors.

"Her charities were well placed and very generous. Kindliness and gentleness were the characteristics most noticeable to those who knew her well ; and they were many, and were dear to her, and she to them, and they will remember her, and miss her, and mourn her loss more and more as time passes away ; for she was unique in her characteristics and possessed the faculty of impressing herself in the hearts of her friends, never to be forgotten."

A LIFELONG FRIEND.

"NEW YORK, Jan. 7, 1898."

"Mrs. Ayer was ever ready to aid the struggling American artists and singers who went to Paris to study. Her purse and her sympathy were never appealed to in vain, and often she sought those whom she believed to be worthy. She was a liberal patron of art." (Philadelphia Press?) "Mrs. Ayer lived in Lowell until the death of her husband in 1878. She then came to New York, and for a number of years occupied the house No. 5 West 57th Street, but since 1889 she has been living in Paris, where she occupied a distinguished social position, being welcomed in the most exclusive homes of the old French families, to which but few Americans gain entrance. Mrs. Ayer was a lover and generous patron of art and music. Her social and musical entertainments became well known throughout the French capital, and her private and public charities were most liberal at home and abroad. She founded the Ayer Home for young women and children in Lowell." (*Home Journal*, New York.)

The Paris correspondent of the *New York Times* writes :

"In American society the New Year's festivities have been overclouded by the sudden death of Mrs. Ayer, which took place two days ago, after an illness of about a fortnight's duration. She lived in the Rue Constantine, and became greatly beloved by all classes of society. Her portrait, by Carolus Duran, exhibited at the Champs de Mars Salon three years ago, was the pictorial sensation of the year. Her musical soirees were very largely attended. She was most charitable, and her loss will be greatly felt not only by the artists and men of letters whom she patronized, but by the poor, to whom she was a Lady Bountiful of tireless generosity."

The Pennsylvania Hospital, of Philadelphia, to which Mrs. Ayer bequeathed the sum of fifty thousand dollars by her will, have very generously erected one of their handsomest buildings to her memory, to be used as a clinical laboratory for the study of all sorts of germs and germ diseases, for the general advancement of the science of bacteriology. The building is inscribed,

Erected
To the memory of
Josephine M. Mayer.

"Mrs. Ayer was a lover and generous patron of art and music. In Paris her social and musical entertainments became well known throughout the French capital. Mrs. Ayer's private and public charities have been most liberal at home and abroad. That which interested her most was the Ayer Home, which she founded for young women and children in Lowell." (*New York Tribune*?)

"The widow of Dr. Ayer, of Lowell, died recently in Paris. She was well known in that city as a person of great charitable kindness. Her home was in the Rue Constantine. Unfortunate artists and literary men, besides the poor of the masses, were materially helped by Mrs. Ayer's American dollars. Three years ago her portrait, painted by Carolus Duran, excited much praise. It was hung in the Champs de Mars Salon." (*The Independent*, New York.)

"The will of Mrs. Josephine M. Ayer has been presented for probate in Cambridge. It contains one bequest of local interest and one most munificent in character, namely, $100,000 for the Ayer Home for Young Women and Children. This bequest easily excels all previous remembrances of Lowell institutions, and, in view of Mrs. Ayer's great generosity to the Home during her lifetime, makes her the foremost in the ranks of benefactors of the city's charities." (*Lowell Courier*)"

The death of Mrs. J. C. Ayer, who for so many years has been prominent in this city, brings sincere regret to both the French and American society. Her loss will be felt no less by the poor, who benefited by her lavish, but unostentatious, charity, than by those who had the many privileges of her immediate acquaintance. "

MARIE CHAMPNEY. "PARIS, January 7, 1898."

At the annual meeting of the corporation of the Ayer Home for Young Women and Children, held January the eleventh, eighteen hundred and ninety-eight, the following resolutions upon the death of Mrs. Josephine M. Ayer were adopted by a rising vote :

"The members of the corporation of the Ayer Home for Young Women and Children, assembled in their annual

65

meeting, have received with deep regret the announcement of the death of Mrs. Ayer."

Her benevolent spirit, which responded so readily and so generously to Lowell's numerous charities, was especially munificent towards this institution which bears the name that she bore. The public know in part, what we know and appreciate fully, how largely it is due to her that the Ayer Home now occupies the Home which she so well adorned, that it has enjoyed such a measure of prosperity hitherto, and that it is able to shelter and protect so many who would otherwise be homeless.

"Our name perpetuates the memory of her generosity and that of her children, but we, as members of this corporation, desire to record our very deep sense of our obligation to her and of the personal loss that we have experienced in her death."

We direct that this brief but sincere expression of our appreciation of her interest in the Home and her unfailing generosity towards it, be perpetuated upon the records of the corporation, and that the clerk be requested to transmit a copy thereof to the family with our heartfelt condolences with them in their bereavement.

MARY A. WEBSTER,

"Clerk of the Corporation of the Ayer Home for Young Women and Children"

Printed in the United States
by Baker & Taylor Publisher Services